東南亞的明珠

許純碩————————————主編

許文志、李建宏、許純碩
許淑婷、許淑敏、張李曉娟————————著

泰國

五南圖書出版公司 印行

序

　　泰國，這個擁有多元文化、宗教和複雜人口結構的國家，因其獨特的地理位置和歷史文化背景而成為東南亞的政治、經濟和文化中心之一，同時也是享有盛名的旅遊勝地。本書的主旨在於深入探索泰國在多個面向的發展情況，包括憲政發展、教育制度、藝術文化、國際貿易、農業經濟、地方產業結構、經濟發展策略以及未來展望，以幫助讀者更全面的了解泰國的現況和文化特質，同時也闡述泰國在國際舞臺上的地位和角色。

　　本書分為兩篇，共有六章，每章探討不同主題：第一章深入分析泰國憲政的發展與展望，內容包括憲政體制、泰國主權回歸的挑戰，以及國際關係的現勢。第二章介紹泰國的教育體系，著重於教育制度、教育現況和提升教育品質策略與教育改革措施。第三章闡述泰國的豐富藝術文化，包括文化節慶、舞蹈和音樂藝術。第四章探討泰國的國際貿易和投資策略，內容包含國際貿易環境分析、與主要貿易夥伴國的關係和策略，以及泰國國際貿易的發展前景。第五章深入剖析泰國經濟的發展和農業的新趨勢，內容包括經濟概況、農業趨勢和未來經濟展望。第六章則探討泰國的經濟發展策略和前景，包括利基產業、產業結構、貿易現況等。這些章節將全方位呈現相關主題，讓讀者對泰國有更深刻的認識。

　　此書具有重要的價值。首先，有助於促進泰國與其他國家之間的文化交流和相互理解，進而推動泰國的國際化進程，吸引更多的投資和遊客，促進經濟的發展。其次，本書對於研究泰國的學者提供了寶貴的參考資料，有助於深入了解泰國政治、教育、文化藝術、貿易投資、農業經濟和經濟發展策略等方面。

　　最後，本書展望泰國未來的發展，分析了不同領域的趨勢、挑戰和機遇。透過對泰國全面的介紹和分析，本書的目的在於讓讀者更清楚地了解泰國的現況和未來，以及其在國際舞臺上的地位和角色。同時，本書也將成為研究和了解泰國的讀者寶貴的參考資料，提供豐富的資訊和觀點。

　　綜上所述，本書是一部關於泰國全方位介紹和分析的專著，旨在向讀者呈現眞實、多元的泰國形象。透過閱讀本書，讀者將更清晰地理解泰國的政治、教育、藝術文化、貿易投資、農業經濟和經濟發展策略，進一步促進東南亞地區的經濟合作和文化交流，爲該地區的和平穩定作出貢獻。

主編　許純碩

目　錄

第一篇

政治、教育與藝術文化

Chapter *1*

泰國憲政發展分析與未來展望

李建宏*

---

* 美國西密西根大學國際政治經濟博士，現任環球科技大學公共事務管理研究所助理教授、地方發展與國際化專案辦公室執行長

第一節　泰國憲政體制

壹、政府體系

　　泰王國，通稱泰國，是東南亞現行君主立憲制國家。於 1932 年實施普遍選舉制，1933 年實施第一次議會選舉（Nelson, 2001）。國家首腦為總理（正式名稱為首席國務大臣），由聯合政府中的最大黨出任，並由泰王指定。國會採取兩院制，從 2017 年憲法修正案指出：眾議院 500 席，其中 350 席通過人民選出，剩下 150 席採比例代表制從各黨分配出任；參議院則為 250 席，席次全由軍方指定。眾議員任期四年，參議員任期六年。（Croissant, 2016）

　　然而，本該具有最高性及穩固性特質的憲法，在泰國是無法成立的。從 1932 年至今，泰國的憲法總共更換了 19 部。造成憲法不穩定最大的因素出在泰國軍方，泰國軍方在國家政體中擁有關鍵性的影響。不管是政黨成員、中央與地方機關，甚至於行政與立法機關中，皆可發現軍方立場的人物（Croissant, 2018）。從表 1 中可發現，過去的憲法當中，有一半的廢除原因出自於軍事政變。此現象足以客觀證明，軍方在泰國扮演著影響憲政體制的重要角色。對於泰國民主政體的發展是一道明顯的障礙。

表 1　泰國憲法演進（1932-2014）

	期效	實施天數	章節數	廢除原因
1.	1932.06.27-1932.12.10	166	39	臨時憲法
2.	1932.12.10-1946.09.05	4,898	68	民主改革
3.	1946.05.09-1947.11.08	548	96	軍事政變
4.	1947.11.09-1949.03.23	501	98	臨時憲法
5.	1949.03.23-1951.11.29	981	188	軍事政變

	期效	實施天數	章節數	廢除原因
6.	1952.03.08-1958.10.20	2,417	123	軍事政變
7.	1959.01.28-1968.06.20	3,431	20	制度專制化
8.	1968.06.20-1971.11.17	1,245	183	軍事政變
9.	1972.12.15-1974.10.07	661	23	臨時憲法
10.	1974.10.07-1976.10.06	730	238	軍事政變
11.	1976.10.22-1977.10.20	363	29	軍事政變
12.	1977.11.09-1978.12.22	408	32	臨時憲法
13.	1978.12.22-1991.02.23	4,446	206	軍事政變
14.	1991.03.01-1991.12.09	283	33	臨時憲法
15.	1991.12.09-1997.10.11	2,133	233	民主改革
16.	1997.10.11-2006.09.19	3,235	336	軍事政變
17.	2006.10.01-2007.08.24	327	39	臨時憲法
18.	2007.08.24-2014.05.22	2,463	309	軍事政變
19.	2014.05.22-??	???	48	???

資料來源：Traimas & Hoerth (2008); Croissant (2018)。

　　另一個原因解釋頻繁軍事政變，則是泰皇與軍方緊密的關聯。原則上，泰皇不可對於內政過度干涉且須要保持中立。且對於皇室而言，軍方內部派系鬥爭，也是重新權力平衡的現象。對此，任何軍方人士皆能以泰國刑法第 112 條的藐視王室罪作為政變動機。（呂嘉穎，2020）

貳、泰國政黨政治發展與軍事政權

　　1932 年泰國改制為君主立憲後，政黨才開始逐漸生成。然而受到泰國官僚與軍方多次政變下，泰國政黨出現缺乏獨立性、自主性、破碎化、不穩定的多黨聯合政府，以及文人政府無法長期執政的現象。直到1992 年新憲法的出現，造就了塔克辛所帶領的「泰愛泰黨」成為史上

第一個在國會超過一半席次的政黨。儘管泰愛泰黨在 2006 年的政變下遭到解散，但在原黨員加入了人民力量黨與為泰黨下，此兩黨於 2007 和 2011 年贏得國會大選、組成政府。對此，有學者提出此三黨「塔克辛政黨」具有一黨獨大的特徵。（Sawasdee, 2018）

表 2　泰國歷屆國會選舉最大政黨的席次變化（1988-2019）

選舉年度	最大政黨	最大政黨席次合計	國會總席次	最多席次政黨所占國會席次比例
1988	泰國黨	87	357	24%
1992(1)	團結正義黨	79	360	22%
1992(2)	民主黨	79	360	22%
1995	泰國黨	92	391	23.5%
1996	新希望黨	125	393	32%
2001	泰愛泰黨	255	500	51%
2005	泰愛泰黨	377	500	75%
2007	人民力量黨、為泰黨	232、25	480	54%
2011	為泰黨	265	500	53%
2019	為泰黨	136	500	27%

資料來源：數據引用自游雅雯（2021），作者整理。

　　從表 2 可發現，2001 年前，國會不曾有一個政黨具有完全執政或是席次過半的現象。直到泰愛泰黨、人民力量黨與為泰黨的出現，突破過去的國會僵局，出現強力政黨進行執政。然而看似泰國政黨逐漸往一黨獨大趨勢前進下，出現了變化。自 2014 年帕拉育上任後，便立即解散參、眾議院，並成立「國家和平秩序維護委員會（NCPO）」，使泰國再次回到軍事獨裁（Croissant, 2022）。儘管在泰國人民與當地學生不斷上街遊行抗議下，於 2017 年簽署新憲法，但此憲法完全對軍方掌權相當有利。軍方透過 NCPO 完全掌控參議院 250 席次外，眾議院的

500 席次中，350 席為單一選區制選出；其餘 150 席則依照政黨票以比例代表制產生。新憲法的規定中，兩院總席次 750 席。軍方在擁有 250 參議院席次下，僅需要 126 眾議院議員席次便可以國會過半。從表 2 便可發現，2011 年原先擁有 50% 席次比例的為泰黨在 2019 年的新憲法運作下，僅獲得 136 席次及 27% 席次比例。此選舉制度對於任何一般政黨明顯不利，間接說明泰國軍方藉由修憲來壓制「塔克辛政黨」的企圖心。（游雅雯，2021）

參、近年發展

近年來，泰國的發展出現趨緩的現象。從 2001 年開始的三次邊界衝突，再加上長期泰南叛亂分子的影響，導致泰國社會與經濟穩定發展皆高度依賴軍方力量；而這也導致軍方權力逐漸擴大，造成政府不穩定的主因。另外紅黃衫軍長期的「民粹式」競爭造成社會資源的浪費，甚至造成泰國民主制度以及經濟發展危機。例如：2008 年黃衫軍曾霸占機場，導致眾多航班取消，重創觀光產業；2009 年因紅衫軍示威抗議造成大型暴力事件，導致東協峰會取消，損失高達 2,000 億泰銖。（陳嘉生，2010）

近兩年因新冠肺炎（COVID-19）的侵襲造成泰國主要的經濟支柱觀光產業受到顯著影響，然而現任泰王瓦吉拉隆功並未像其他國家元首坐鎮於國內，反而是在國外遠距離施政。此情形造成人民對於泰王的心中地位產生動搖外，造成泰國學生後續組成「自由青年」上街抗議，除了要求總理帕拉育下臺，也提出十項國會改革要求。儘管學生團體受到政府鎮壓，國際社會開始聲援學生，例如：時任德國總理梅克爾對學運的鎮壓發出鄭重聲明。（呂嘉穎，2020）

第二節　泰國民主化的倒退

　　二戰後的泰國，長期實施軍事獨裁統治。在 1991 年的軍事政變後，人民上街遊行抗議軍方統治，然而軍方卻選擇血腥鎮壓，最終迫使泰王介入並承諾平息風波，選舉和憲法也得到恢復，泰國開始民主化。1998 年，塔克辛創建泰愛泰黨，並在 2001 年 2 月的大選，塔克辛以壓倒性優勢當選總理，泰愛泰黨在國會眾議院 500 席中取得 255 席。塔克辛任滿 4 年，並成功連任的民選總理，為泰國歷史上第一位。然而看似泰國民主化一帆風順的逐步成長下，出現許多重大事件，包括塔克辛 2005 年的俄羅斯戰機貪汙醜聞，以及 2006 年被指控企圖控制選舉為由無預警解散國會（陳嘉生，2010）。在種種不信任因素下，以反對塔克辛為主的人民民主聯盟（PAD）發動大規模示威抗議，要求塔克辛下臺，也在連鎖動亂下，2006 年泰國軍方在塔克辛訪美期間發動「919 政變」，廢止憲法，解散國會，終止即將到來的選舉（陳尚懋，2014）。15 年的文人統治之民主轉型也宣告失敗，然而軍方看似破壞民主的行為，許多當地學者以及政黨領袖多數卻並未做出批評。要釐清泰國軍方在國家扮演何種角色，必須得從曼谷王朝說起。

壹、曼谷王朝之軍事改革

　　曼谷王朝的拉瑪四世時期，蒙固王（King Mongkut）建立了一支完全仿照歐洲現代模式的軍隊，並將皇室成員派出留學，聘任西方人士擔任軍隊顧問。1887 年，於拉瑪五世時期在曼谷創立朱拉宗誥皇家陸軍學院，並於八年後將募兵制改為徵兵制、增加軍費預算、歐化訓練方式等。種種因素影響下，軍隊在泰國社會當中成為舉足輕重的角色；換言之，泰國軍人是社會中菁英聚集地。（李淑貞，2012）

貳、1932年624政變與1945年泰國軍警槍殺華僑事件

此時期背景為西方民主思想逐漸在亞洲擴散，泰國菁英分子也渴望改變現狀、推翻政府實行民主憲政。在 1929 年世界經濟危機的衝擊下，泰國也受到嚴重影響，政府除了要面對每況愈下的財政外，許多社會菁英早已虎視眈眈地渴望改革。1932 年 6 月 24 日，由「民黨」發動了一場主張建立君主立憲的改革，俗稱「624 政變」，此次革命以成功畫下句點。民黨的成員組成一部分便是年輕軍官，又稱少壯派軍人（Young Turks）；由於少壯派軍人於此次改革為關鍵性因子，1933 年6 月民黨推舉黨內有崇高威望又有兵權的披耶帕鳳出任內閣總理。在披耶上臺後，泰國走上軍人獨裁統治的道路（潘遠洋，2010）。1938 年的大選，在 624 政變以及保皇派鬥爭具有貢獻的鑾披汶・頌堪當選總理，鑾披汶所代表的少壯派軍人也理所當然的占據優勢地位。

君主立憲制度轉由保守派的軍人手上後，泰國開始進入威權政治時期。1939 年 6 月 24 日，鑾披汶先後頒布 12 號通告，提倡種族優越的「泛泰主義」（Pan-Thaiism），明顯排斥華僑（陳鴻瑜，2020）。1942 年甚至頒布 27 種職業僅限定給泰人之法令、併吞華僑企業、驅逐華僑以及封閉華文報紙等極端行為，使得泰人與華僑關係惡化，導致許多衝突事件。其中最著名的為 1945 年「泰國軍警槍殺華僑事件[1]」，此事件除了印證戰後泰華人民因過去差別政策所產生的仇恨與衝突外，泰國軍警過激的鎮壓說明著泰國軍方過剩之權力。（謝培屏，2008）

---

[1] 1945年8月15日，因《中原報》華籍職員張貼日本投降消息的號外，僑胞圍觀，泰國警察前往取締，雙方爆發了衝突，17日又發生泰國軍警與華僑衝突的噠叻浦事件。9月19日，因國旗問題，雙方又發生衝突，終致爆發9月21日泰國軍警槍殺華僑的事件（簡稱921事件），衝突延續至泰國各地，至11月始漸趨平靜。

參、延續至今

自 1932 年改成君主立憲後，因爲泰國仍未形成獨立的審查機關，導致軍方始終握有主導權至 1973 年。直到 1976 年兩次關鍵的學生運動，造成的嚴重傷亡促使泰國政府於 1978 年制定一部民主精神之憲法（陳鴻瑜，2014）。然而此時期的泰國仍僅是所謂的半民主時期，亦爲「泰式民主」，透過制定新憲法來合理化自身威權式統治。

延續前文所描述，2006 年泰國軍方在塔克辛訪美期間發動「919 政變」，廢止憲法並解散國會，但 2007 年的大選，最終仍由親塔克辛的政黨當選。持續多年的紅黃之爭下，軍方於 2014 年再次發動政變，最終時任總理盈拉與塔克辛逃亡海外。接任泰國總理帕拉育，背景爲泰國武裝部學院，渴望透過修訂憲法等方式改革穩定泰國政治。然而在他的執政期，保守、威權高壓統治以及不公平的遊戲規則下，讓自身透過選舉續任總理至 2025 年，種種行爲引發泰國學生的不滿，於 2020 年初發動大規模的示威抗議活動。儘管當時泰國面臨著第一波 COVID-19 疫情，導致初期僅有小規模抗議，但隨著疫情嚴峻程度降低，2020 年 7 月便展開第二波學生運動，直到第二波 COVID-19 疫情。（陳尙懋，2021）

泰國原先預期可在第三波民主化的催化下，如期實現眞正的民主自由價值，然而在兩次軍方政變下，讓許多泰國人民對於此願景化爲泡沫。儘管近期仍有以學生作爲主軸對於民主價值進行抗爭追求，但普遍泰國人民政治知識的未完善，皇室與軍方自身政治制度化過低，導致社會對於民主的追求與支持力不足，無法有效率推行民主政體。（Samudavanija, 2002）

第三節　泰國當前國際關係

壹、泰國於東南亞扮演的角色

　　東南亞國家關係非常複雜且關係緊密。冷戰期間為了整合該區域軍事安全與政治中立，並防止共產主義再次滲透，東南亞國協（ASEAN）便就此成立。東協成立至今已有十個國家加入此區域合作組織，且以歐盟作為目標，達到經濟、社會制度以及政策整合之境界。然而東協至今在地區經濟合作方面仍成效不佳，原因出在各成員國不願犧牲對自己國家有利的經濟計畫，與自身利益較無關之事件不太關心，再加上全球化趨勢下的自由市場競爭，部分成員國財富差距甚大（例如新加坡和緬甸、柬埔寨的經濟狀況各走極端），導致難以制訂一個涵蓋全部成員國的經濟合作計畫。（Mayer, Meyer, Miliopoulos, Ohly & Weede, 2011）

　　泰國因為地理位置的因緣下，被稱為「東協心臟」，再加上他國汽車大廠於泰國設廠，例如：BMW、賓士、VOLVO、福特、豐田和三菱等，故有「東方底特律」之稱。然而，雖擁有優越的地理位置且良好的經濟前景，直至 2021 年，泰國仍是東協五國中 GDP 成長率最低，只有 1.6%（印尼、馬來西亞、菲律賓、越南分別為 4.4%、4.6%、2.4%、2.2%）[2]；之所以經濟成長並未突出，很大的原因是近 10 年來的政治動亂，包含以農民工為主的「紅衫軍」與都市中產階級與社會菁英代表的「黃衫軍」的對峙，以及軍方政變。政治動亂是民主過程中的必要之路，然而民主若要轉型成功，必須擁有獨立思考的能力，否則民主與民粹僅是一線之隔。（亞洲研究中心，2017）

---

[2] The World Bank. GDP growth (annual %). Retrieved from https://data.worldbank.org/?locations=TH-ID-MY-PH-VN

貳、泰國與他國雙邊、多邊關係

泰國戰略位置可謂得天獨厚，為東南亞中心，東邊經泰國灣連接中國南海，西邊通達印度洋。然而，在文人與軍方交疊統治下，泰國的外交政策變化多端。以國防政策為例，文人主政時採用非傳統威脅之軟實力手段；軍人主政時採用武力手段之傳統方式。然而近十年來，泰國並未發生重大外來威脅或戰爭，因此經濟發展和雙邊與多邊關係逐漸成為泰國主要策略。學者吳東林（2021）對於泰國外交政策提出自身看法，與本文前後呼應：

> 泰國本身有意在美、中之間採取平衡戰略時，自然而然轉向與中國增進互動關係，中國也成為地區的最大受益者。從長遠來看，美國和民主國家基於地緣戰略意義，不可能失去泰國使其完全投靠中國，因此美國主導的印太戰略架構著眼「利益優先與傳統的民主價值觀」時，泰國的軍事政權仍會與美國和民主陣營國家合作。

然而，泰國與中國不僅僅是地緣政策的因素而增進互動關係。從建構主義的角度來看，泰國可藉由中國提升自身於東協的地位，合乎「適當性邏輯」；再加上中國近年來經濟提升和一帶一路政策，雙邊經濟上的互賴關係具有共同利益；最重要的，雙方「文化認同」隨著過去冷戰上的敵對，因國際局勢的變化而恢復成友好狀態。（戴萬平，2011）

我國與泰國的關係至近年蔡英文政府提出新南向政策後，逐漸往好的方向發展。然而，有學者主張仍有部分需要精進，包含政府需集中投資經費與資源，以及更積極培育國內泰語人才，達到政策「以人為本」之精神和深化兩國合作與交流。（陳尚懋；劉泰廷；林珮婷，2019）

參、泰國政治情勢分析與展望

　　整體來看，泰國憲政民主發展仍有許多進步空間。如何將憲政主義落實，並各方政治菁英、政黨、人民與軍方皆能尊重且維護憲法尊嚴為首要課題。現階段的憲法明顯對於泰國政黨和民主發展不利，如何將憲法進行修正並限制軍方權力擴散和政變，是現階段首要目標。（陳尚懋，2015）

　　如同前文所探討，泰國不管是經濟實力、地緣位置或資源皆相當重要。我國未來如何延續新南向政策，與泰國有更多層面性之合作，為自身重要任務之一。

參考文獻

1. 李淑貞，2012，〈泰國民主轉型時期的軍文關係（1991-2006）〉，《人文社會科學研究》，6（2），頁41-79，國立屏東科技大學人文暨社會科學院。

2. 呂嘉穎，2020，〈疫情下泰國學運對皇室及憲政體制所造成的影響〉，《戰略安全研析》，165，頁86-96，國立政治大學國際關係研究中心。

3. 吳東林，2021，〈泰國軍事政權與國防發展及其區域角色〉，《臺灣國際研究季刊》，17（4），頁113-142，臺灣國際研究學會。

4. 亞洲金融季報編輯室，2017，〈失去精神領袖的東協之虎──泰國〉，《亞洲金融季報》，1，頁19-20，國立臺北大學亞洲研究中心。

5. 陳尚懋，2021，〈泰國民主化的逆流：以2020-2021年的學生運動為例〉，《人文社會科學研究》，15（4），頁1-23，國立屏東科技大學人文暨社會科學院。

6. 陳尚懋，2014，〈泰國的政治動亂、治理與經濟表現〉，《戰略安全研析》，（107），頁19-28。

7. 陳尚懋，2015，〈泰國政治安全的發展與困境〉，《問題與研究》，54（4），頁79-121，國立政治大學國際關係研究中心。

8. 陳尚懋、劉泰廷、林珮婷，2019，〈一帶一路與新南向政策在泰國的實踐〉，《臺灣國際研究季刊》，15（4），頁153-174，臺灣國際研究學會。

9. 陳嘉生，2010，〈當前泰國政治紛爭的啟示〉，《戰略安全研析》，60，頁29-32。

10. 陳鴻瑜，2020，〈泰國華人與政治關係之歷史分析〉，《興大歷史學報》，34，頁101-138。

11. 陳鴻瑜，2014，《泰國史》，臺北：臺灣商務。

12. 潘遠洋，2010，《泰國軍情探悉》，北京：軍事宜文出版社。

13. 游雅雯，2021，〈當代泰國政黨政治與「塔克辛政黨」的興衰〉，《臺灣國際研究季刊》，17（4），頁95-112，臺灣國際研究學會。

14. 謝培屏，2008，〈1945年泰國軍警槍殺華僑事件〉，《國史館學術集刊》，（16），頁135-178。

15. 戴萬平，2011，〈泰國對中國外交政策的演變：建構主義的觀點分析〉，《臺灣東南亞學刊》，8（10），頁65-100，國立暨南國際大學東南亞研究中心。

16. Croissant, A., 2022, Comparative Politics of Southeast Asia – An Introduction to Governments and Political Regimes. Wiesbaden, Germany: Springer.

17. Croissant, A., 2016, Die politischen Systeme Südostasiens Eine Einführung. Wiesbaden, Germany: Springer.

18. Mayer, T., Meyer, R., Miliopoulos, L., Ohly, H. & Weede, E., 2011, Globalisierung im Fokus von Politik, Wirtschaft, Gesellschaft – Eine Bestandsauf-

nahme. Wiesbaden, Germany: Springer.

19. Nelson, M., 2001, Thailand. In Elections in Asia and the Pacific: A Data Handbook, Volume II: South East Asia, East Asia and the South Pacific, hrsg. D. Nohlen, Grotz, F., und C. Hartmann, 261–320. Oxford: Oxford University Press.

20. Sawasdee, Siripan Nogsuan., 2018, "The Conundrum of a Dominant Party in Thailand." Asian Journal of Comparative Politics, 4(1), 102-19.

21. Samudavanija, C., 1987, Democracy in Thailand: A Case of a Stable Semi-democratic Regime. World Affairs, 150, 1: 31-41., 2002, Thailand: State-Building, Democracy and Globalization. Bangkok: Institute for Public Policy Studies.

Chapter *2*

泰國的教育

[*] 美國斯伯丁大學教育博士，現任環球科技大學企業管理系副教授。

第一節　泰國的教育制度

壹、泰國教育制度的建立

　　泰國的教育制度始於 1913 年，分為普通教育和中等專業教育兩大部分。1921 年頒布的「初等教育條例」將義務教育規定為四年，並於 1928 年開始將高中細分為文科和理科。

　　從 1960 年至 1990 年，泰國在高等教育發展方面邁出了三大步，包括改變高等教育機構集中在首都的現象，向內陸和邊遠地區發展，並推動學制改革和實施六年免費義務教育等措施。這些措施由泰國政府教育部負責監管。（楊思偉，2020；石儒居，2017；バンコク下町ライフ，2018；Kevmrc Travel Blog, 2021；XOER, 2022）

貳、泰國教育的負責機構

　　泰國的教育體系由國家教育部（MOE）負責監督，其範疇包括基礎教育、職業教育和高等教育；大部分的公立和私立教育機構都受到教育部的監管。為了更有效地管理各教育層級，教育部設立了三個獨立的委員會辦公室：「基礎教育委員會辦公室」（OBEC）負責監管中小學（基礎教育）教育；「職業教育委員會辦公室」（OVEC）負責監管職業教育和培訓；而「高等教育委員會辦公室」（OHEC）則負責監管高等教育。（Education Destination Asia, 2022）

　　目前，泰國擁有超過 30,000 所教育機構，並有超過 2,000 萬名學生接受教育。學前教育機構約有 45,000 所，而中小學機構則超過 30,000 所，高中機構超過 2,600 所。泰國的學校系統是在 1999 年《國家教育法》改革後建立的。教育課程包括八個核心科目：泰語、數學、科學、社會研究、宗教和文化、健康和體育、藝術、職業和技術以及外語。（Education Destination Asia, 2022）

這些措施和改革使得泰國能夠提供更廣泛且多樣化的教育機會，以幫助學生發展其潛能並為未來做好準備。泰國的教育體系正朝著更加現代化、全面發展的方向邁進，不斷努力提高學生的學習成果和教育品質。

參、泰國推動的教育改革

自 1997 年金融危機後，泰國政府展開了一系列全面的教育改革，從教育政策、法律、人事、組織到教育體制、師資培育、教學方法和教學品質等各方面進行了改革。這次改革是泰國現代化正式教育制度以來的首次重大變革，也是泰國政府的施政重點和國家優先投資項目之一。（李光華，2004；陳曉，2002）

教育改革分為兩個 10 年計畫，分別是 1999 至 2008 年的第一輪和 2009 至 2018 年的第二輪。（Ministry of Education, 1999, 2009）

2017 年，泰國總理通過了「泰國 4.0」戰略，旨在推進智慧化和數位化轉型，並將泰國的產業鏈升級至高附加價值的知識經濟，以期在 15 年內進入已開發國家的行列。泰國 4.0 的重點產業包括食物與生技、健康醫療科技、機器人製造、數位產業與物聯網，以及創意產業與高附加價值服務業。泰國東部的北柳、春武里和羅勇三府被選為東部經濟走廊（EEC）經濟特區，成為泰國 4.0 產業升級的主要地區。（徐子軒，2017；高君逸，2018；黎柏君，2021）

這些教育改革和泰國 4.0 戰略的推動，將有助於提升泰國教育體系的競爭力和適應性，以應對日益變化的全球經濟和知識社會的挑戰。透過這些努力，泰國致力於培養具有創新思維和技能的人才，並推動國家整體發展。

肆、泰國的教育體系

泰國的教育體系可分為三大類型，分別是正式教育、非正規教育和非正式教育。

泰國的教育體系透過這三種類型的教育，為不同年齡層次和需求的學生提供了全面的學習機會，並促進了國家教育的全面發展。（李昱成，2012）

一、正式教育

正式教育是泰國主要的教育體系，由政府監督和規劃，包括幼兒園、小學、中學、職業學校和大學等教育機構。正式教育在泰國是義務教育，其中小學為 6 年，中學為 3 年，並且大部分學校提供高中和職業學校的教育課程。

泰國目前實施的學制為 6-3-3-4 制，該制度包含以下階段：初等教育為 6 年，即從 6 歲到 11 歲；初中教育為 3 年；高中教育為 3 年，包括普通中學和職業技術學校；最後是高等教育，為期 4 年。（石儒居、李柏旻，2017；楊思偉，2020）

（一）初等教育（6 年）

自 2004 年以來，泰國的全民義務教育期限已延長為 9 年。初等教育是全民義務教育的一部分，從 6 歲開始到 11 歲，為期 6 年。初等教育的課程主要涵蓋基本技能、生活經驗、道德教育和勞動教育等方面的教育。（李昱成，2012；Education Destination Asia, 2022；葉川榮、黃婷鈺，2017）

泰國的國家課程主要包括八門核心科目，分別是泰語、英語、數學、自然科學、社會科學、藝術、體育和健康教育，同時融合本土智慧和文化。小學一年分為兩個學期，不同學校的時間表可能有所不同，一般從早上 8 點持續到下午 4 點。（Kevmrc Travel Blog, 2021）

這些教育措施確保了泰國學童有充分的學習時間和機會，幫助他們打下堅實的學習基礎，並在道德、技能和知識方面全面發展。泰國的教育體系不僅注重學術知識，還尊重和保留本土文化價值觀，讓學生在學習的同時了解和欣賞自己的文化遺產。

（二）中等教育（6 年）：分為普通教育與職業技術教育

泰國的中等教育是強制性的義務教育，包括普通中學和職業技術中學兩種類型。（李昱成，2011）

1. 普通中學

普通中學分為初中教育（Mattayom 1 至 Mattayom 3）和高中教育（Mattayom 4 至 Mattayom 6），每個階段為 3 年。學生須通過入學考試升學。初中教育從 12 歲開始，包括必修課、選修課和活動課程三部分。課程注重知識、基本技能、生活經驗、道德教育和勞動教育等方面的教育。（李昱成；楊思偉，2020）

普通中學的核心科目包括泰語、藝術和音樂、數學、物理和社會科學、技術和外語等。高中實行學分制，提供文、理和職業三種選修課程，學生可以根據自己的興趣和未來職業規劃選擇適合的課程。同時，這些選修課程也為學生在未來進入高等教育做好準備。（Scholaro, Inc., 2022）

泰國的中等教育不僅提供全面的學科學習，還注重學生的全面發展和實踐能力的培養。學生在這個階段不僅可以獲得學術知識，還有機會參與各種活動，豐富自己的課外生活，並為未來的職業和學業做好準備。

2. 職業技術中學

在泰國為期 1 至 3 年不等，其主要目標是培養熟練工人和初級技術人員。這些學校涵蓋工、農、家政、經濟、旅遊等類科，畢業生有機會繼續升入相同類科的高職學校。（石儒居、李柏昱，2017）

在泰國，除了一般學術和職業學校外，還設有特殊教育和福利教

育制度。全民義務教育的政策也同樣適用於少數民族地區，保障了所有學生都能接受基礎教育。（葉川榮、黃婷鈺，2017；楊思偉，2020；Education Destination Asia, 2022）

　　泰國的職業教育體系以高職學校為基礎，讓學生有機會選擇更實用的教育形式。在職業技術中學學習的學生可以獲得職業教育證書和高級文憑，並在離校年齡後，可以申請技術文憑。這些措施為學生提供了更多職業發展的機會，讓他們在進入職場時擁有實用技能和知識。（Scholaro, Inc., 2022）

　　泰國的教育體系致力於提供多樣化的學習途徑，讓學生根據自己的興趣和能力選擇適合自己的教育路徑，以實現自己的學習目標和職業抱負。

（三）高等教育

　　泰國的高等教育體系涵蓋了大學、碩士和博士學位，修業年限分別為 4 年、2 至 4 年和 3 至 5 年，並分為公立和私立兩類。高等教育的發展可以分為四個階段，包括傳統教育階段、正規教育的基礎階段、現代化階段和國民教育改革的新階段。

　　在傳統教育階段，學習主要是在寺廟、皇宮、家庭和傳統社群進行，包括佛教戒律和特定傳統社群的學習。

　　正規教育的基礎階段始於 1868 年，當時拉瑪五世朱拉隆國王於 1871 年在皇宮建立了第一所學校，目的是為皇室培養有才幹的人才。

　　現代化階段始於 1932 年，當時泰國君主專制制度改為君主立憲制，第一個全國教育規劃頒布，宣示每個人都有機會接受教育。

　　教育改革的新階段始於 1997 年，泰國人深刻反省，只有透過人力資源開發，才能使泰國經濟復甦，於是對高等教育寄予厚望。（李昱成，2012；郭玲玲，2011；黃建儒、盧美麗，2009）

　　泰國的高等教育體系不斷演進和改革，為國家培養出優秀的人才，為經濟發展和社會進步作出重要貢獻。隨著社會的變遷，高等教育

將持續調整和完善，以迎接未來的挑戰和機遇。

1. 泰國高等教育的分類

　　泰國的高等教育機構多樣化，包括大學、研究所、學院、政府機構和私立機構，這些機構提供了不同層次和類型的學術課程和培訓機會，以滿足不同學生的需求。

　　大學是高等教育的主要組成部分，提供本科和研究生課程，包括學士、碩士和博士學位。研究所則提供更高級別的學術課程和研究機會，包括碩士和博士學位課程。學院主要專注於職業教育和技術培訓，涵蓋技術專業課程、職業訓練、商業管理和其他實用課程，也有提供學士學位課程的學院。

　　政府機構提供各種培訓課程和認證，包括公務員培訓、軍事訓練和警察訓練。私立機構與大學和學院提供相似的課程，但通常收費較高，並更加注重職業培訓和實踐技能。

　　目前，泰國擁有 168 所大學，分為公立和私立兩大類。這些大學根據等級和所屬財政的不同，可以分為五大類：皇家大學、政府大學、自治大學、皇家冠名的理工技術類大學和私立大學。

　　皇家大學由泰國皇室主導創辦，直屬於教育部管理，目前共有 41 所。政府大學由中央政府設立，由政府提供校務經費，共有 10 所一般大學和 10 所軍警院校。自治大學由中央政府創辦，擁有獨立的財政規劃，共有 26 所。皇家冠名的理工技術類大學是由地方政府創辦，透過教育部高等教育委員會核可後創辦的技職學院，共有 9 所。私立大學則是由財團或名望人士創辦，經政府相關單位核可，共有 72 所。（泰國房產攻略網 Thaikii, 2022）

　　泰國的高等教育體系提供了豐富多樣的選擇，讓學生能夠根據自己的興趣和職業目標選擇合適的學術和職業發展路徑，各類型的高等教育機構共同促進了泰國教育水平的提升和社會的進步。

2. 泰國高等教育的入學申請

申請泰國大學的學士課程需要完成當地高中教育或相當於 12 年學歷，並通過學院不同要求的考試，其中包括筆試、口試、體能和性向測驗等。

泰國大學的入學考試系統被稱為 TCAS（Thai University Central Admission System），學生可以根據自己的作品集或學校表現、標準考試成績、體育表現、語言能力等特殊技能，透過直接入學考試或具體科目的標準考試成績等多種方式參加考試。每所大學根據自己的選拔方式和接受標準進行選拔。泰國大學的錄取系統不斷改進，使其更加完善，確保選拔程序公平合理。（ASIA to Japan, 2020；ShangEdu, 2021）

這些措施確保了學生有機會進入合適的大學學習，並根據自己的興趣、能力和特長選擇適合的學術課程，泰國大學提供了多樣化的學術和職業發展選擇，幫助學生在未來的職業生涯中取得成功。

3. 泰國高等教育的學程

泰國的高等教育制度在課程設置、教育方法和體制上受到西方國家——特別是英國和美國的影響。學制為 4 年，與美國的教育體系相似。課程分為四大類，包括基本技能、生活體驗、品格培養和工作經驗。

2016 年初，泰國政府宣布將大學學年制回歸舊制，從 6 月開始，到翌年 3 月結束，以避免一年中最炎熱的季節。大學學年分為兩個學期，第一學期為 6 月至 10 月中旬，註冊於 6 月第一週，開學於第二週，考試於 10 月第一週，結束於第二週；第二學期為 11 月至隔年 3 月，開學於 11 月第一週，考試於 2 月第一週，學期於 3 月第二週結束。兩個學期之間有兩週假期，而暑假則為 4 月和 5 月。（石儒居、李柏旻，2017）

泰國高等教育的學制調整和學年安排，旨在為學生提供更好的學習環境和適宜的學習時段，這些措施有助於學生更好地適應學業，提高學

習效率，並在學術和職業生涯中取得成功。

4. 特殊教育、福利教育及其他教育

正式教育在泰國不僅包括一般學校的教育，還包括特殊教育、福利教育、職業教育、特殊的職業教育、宗教教育、特殊專長教育和師資培育教育。

特殊教育針對聽障、視障、心智障礙、自閉症、情緒或行為偏差的孩子提供教育，旨在提供適切的支持和資源，使他們能夠充分參與學習和社會生活。

福利教育則針對社會或文化上處於不利地位的孩子，提供免費教育和生活必需品等補助，並提供特殊的職業教育以促進他們的就業發展，幫助他們改善生活條件。

職業教育主要針對初級和中等教育階段的學生，提供工作經驗和職前教育準備，使他們能夠在離校後順利就業或繼續深造。

特殊專長教育則由政府等機構提供專業訓練，例如專業士兵、技術人員、醫學等，以提升其專業技能和知識，滿足社會對專業人才的需求。

宗教教育則在佛教寺廟提供信徒和僧侶的宗教教育，培養他們對佛教信仰和僧侶職責的認識。

師資培育教育在泰國受到重視，政府透過提高教師的福利待遇和地位等方式吸引優秀人才從事教育工作。師資培育課程也是綜合性的，中小學師資合流培育，並在大學設立教育學院以培養優秀的教師人才。（李昱成，2011；Education Destination Asia, 2022；馮增俊，1996；朱昆、龐雪群，2006）

這些不同類型的正式教育項目確保了泰國社會各個層面的學生都能獲得適合的教育機會，並有助於培養多樣化和具備專業知識的人才，促進國家的綜合發展。

5. 碩士課程（2 年）

　　泰國的碩士課程入學要求因學校和課程而異，但通常要求申請學生持有學士學位或相關專業資格證書，並且須通過入學考試和面試。攻讀碩士學位的學生通常要提交學力測驗成績，如 GRE（由美國教育考試服務中心主辦，廣泛用於全球各大學院校的研究生招生）或 GMAT（由美國商學院招生委員會主辦，用於評估申請攻讀工商管理碩士〔MBA〕或其他管理相關碩士學位的學生），並可能需要參加口試等評估。另外，一些課程可能還要求學生具有相關的工作經驗，而各校的要求也有所不同。

　　泰國的碩士課程通常需要 1 至 2 年的時間完成，但某些需要進行研究的課程可能需要更長的時間。部分課程也提供兼讀選項，以便學生能夠在工作的同時進修。泰國的碩士課程可分為專業碩士課程和研究碩士課程兩類。

　　專業碩士課程主要培養學生的實踐技能和專業知識，例如 MBA 和 MEd 等課程，旨在提供學生所需的實務技能，以應對職場上的挑戰。

　　研究碩士課程則培養學生的研究能力和學術知識，例如 MA 和 MSc 等課程，鼓勵學生進行深入的研究，對某一特定領域進行探索和發現，以推進學科的發展。

　　大多數泰國的碩士課程使用泰語授課，但部分針對國際學生或需要使用英語的專業課程會以英語授課，以吸引更多的國際學生和提供跨國交流的機會。這些碩士課程也為學生提供了更廣泛的學習和發展機會。（李昱成，2011；石儒居、李柏旻，2017）

6. 博士課程（3 年）

　　泰國的博士課程入學要求因學校和課程而異，通常要求學生持有碩士學位或相關專業資格證書，並通過相應的入學考試和面試；此外，一些課程可能還要求學生具有相關的工作經驗和研究經驗，以確保學生具備相應的學術和實踐基礎。

泰國的博士課程通常需要 3 至 5 年的時間完成，有些課程可能需要更長的時間，特別是對於需要進行深入研究的課程；此外，某些課程也可能提供兼讀選項，以讓學生可以在工作同時修讀課程，這樣有助於學生在學術和職業生涯之間取得平衡。

泰國的博士課程通常可以分為專業博士課程和研究博士課程兩種類型。專業博士課程主要側重於培養學生的實踐技能和專業知識，例如博士工商管理（DBA）和博士教育（EdD）等課程，這些課程通常針對在職專業人士，幫助他們在特定領域中取得更高的專業資格，並提升職業發展。

而研究博士課程則側重於培養學生的研究能力和學術知識，例如博士文學（PhD）和博士科學（PhD）等課程，這些課程通常要求學生進行獨立的研究項目，撰寫論文，並做出原創性的學術貢獻。

泰國的博士課程大多數教學語言為泰語，但也有一些課程使用英語授課，尤其是針對國際學生或需要使用英語的專業課程，這些英語授課的課程為學生提供了更多的選擇和機會，吸引了來自世界各地的學生來泰國攻讀博士學位。（石儒居、李柏旻，2017）

二、非正規教育

非正規教育指的是由政府或私營機構提供的教育，其課程和結構相對較不受正式教育體系的嚴格約束。這包括成人教育、職業培訓和技術教育等多元領域。非正規教育為那些無法接受正式學校教育或已完成正式學校教育但希望進一步提升技能的個人提供了寶貴的學習機會（李昱成，2012）。

非正規教育致力於為各年齡層的未受正式教育者提供不同程度的教育。這種教育通常由公立學校、政府、代理商或機構策劃，主要透過課堂學習、遠距教學以及自我學習等多元管道進行。這樣的教育模式有助

於彌補教育體系中的缺陷，同時為個體提供更多元、靈活的學習機會，促使其在各領域取得更深層次的專業知識和技能。

非正規教育是為各年齡層未受正式教育的人提供不同程度教育的方式，這種教育通常由公立學校、政府、代理商或機構進行規劃，主要透過課堂學習、遠距教學及自我學習三種管道進行。

在泰國，非正規教育包括私人補習班、學習中心、線上學習平臺和社區教育中心等。這些教育機構和課程提供各種學科的輔導課程、語言課程、手工藝課程、健康教育等，能夠滿足不同學習需求，為那些未能接受正規教育或希望進修的個人提供了彈性和便利性。

然而，需要注意的是，泰國政府對非正規教育的監管較嚴格，並不允許所有機構和課程自由運營。在選擇非正規教育時，需要確認該教育機構或課程是否合法，以避免不必要的風險；因此，建議學生和家長在選擇非正規教育機構時，仔細了解其背景和課程內容，確認其提供的教育品質和合法性。（李昱成，2011）

總結來說，非正規教育在泰國提供了多元化的學習途徑和機會，可以幫助更多人獲取知識和技能；然而，考慮到監管限制，選擇合適且合法的非正規教育機構，將是確保學習成功的關鍵。

（一）**學前教育**

泰國提供可選的 3 歲學前教育，政府提供 3 年免費的學前教育，但學前班和高中階段都不是強制性的。

（二）**語言教育**

以下是針對 14 歲以上語文能力較差的鄉村地區，和少數民族成年人所實施的一系列提升語文能力的活動和課程，這些課程旨在幫助學生提高語言能力，並提升他們的生活品質。（李昱成，2011）

泰國的語言教育包括泰語和英語等多種語言的教學，以下是一些泰國語言教育的例子：

1. 泰語教學

泰語是泰國的官方語言，對於在泰國生活和工作的人來說，學習泰語是非常重要的。泰國的語言學校、大學和私人補習班都提供泰語教學，其中一些還提供泰國語能力測試（Thai Language Proficiency Test）的準備課程，以幫助學生在泰語能力方面取得更好的成績。

2. 英語教學

英語在泰國也非常普及，學習英語對於在國際交流和旅遊中都有很大幫助。泰國的語言學校、大學和私人補習班都提供英語教學，其中一些還提供國際英語考試的準備課程，例如劍橋英語考試（Cambridge English Qualifications）和國際英語語言測試系統（International English Language Testing System），這些課程可以幫助學生提升英語能力，增強溝通和交流的能力。

3. 其他語言教學

在泰國的一些國際學校和語言學校，還提供其他語言的教學，例如中文、法語、德語和日語等。這些語言教學可以滿足不同學生對多元文化交流的需求，同時也促進了泰國在國際間的交流和合作。

總體來說，泰國提供多樣化的語言教育選擇，讓學生有機會提升語文能力，擴展視野，並在未來的學術和職業發展中獲得更多機會，這些語言教育的努力有助於提高個人生活品質，也促進了社區和國家整體的發展。

（三）國際學校

泰國擁有多所國際學校，為外籍學生和泰國本地學生提供國際化的教育，包括英語和國際課程。曼谷耀中學（Bangkok Patana School）、路德國際學校（Ruamrudee International School）、布萊根國際學校（Brighton College International School）和芭提雅國際學校（International School Pattaya）等提供綜合性教育，遵循英國國家課程和國際文憑課程等不同學術課程，這些學校擁有卓越的教學團隊和國際化的教育資源，

爲學生提供豐富的學習體驗和發展機會，幫助他們融入國際社會。

　　泰國的國際學校中，約 32% 採用美式學制，提供 AP（Advanced Placement）課程，這是美國大學的學分先修課程，有助於學生申請美國大學學分，另有 14% 的學校提供 IB（The IB Diploma Program）課程，要求學生接受六類課程的教育，強調文理並重，並要求英語能力。這些課程有助於提高學生進入美國名校的機會，且得到了絕大多數國家和學校的認可。（泰國房產攻略網 Thaikii, 2022）

　　泰國的國際學校提供多元化的教育選擇，培養學生成爲全球化的公民，爲未來發展奠定堅實基礎，這些學校投入巨大，爲學生提供最佳的學習體驗，培養具有國際視野和創新精神的優秀人才。

三、非正式教育

　　非正式教育是指透過社區、家庭、工作場所或社會環境中的學習機會。這種教育形式通常不受正式教育機構的監督，但它是人們日常生活中學習的重要途徑。例如，家庭成員之間的知識傳承、工作場所中的培訓和技能傳授等都屬於非正式教育。（李昱成，2012）

　　非正式教育在泰國扮演著促進社會技能、文化價值和實用知識的角色。這種形式的教育不僅涉及學科知識，還包括生活技能、社交技能和道德價值觀的傳承。透過社區互動、家庭溝通以及工作場所的實踐，人們能夠獲得實際經驗和實用技能，這對於個體的全面發展至關重要。

　　然而，非正式教育也存在一定的挑戰，例如缺乏統一的標準和評鑑，以及可能出現的資源不均和教育機會不平等。因此，了解和重視非正式教育的價值，同時採取措施來提高其品質和可行性，是促進社會全體成員持續學習和發展的重要步驟。

　　總體而言，泰國的教育體系透過正式教育、非正規教育與非正式教育這三種類型的教育，爲不同年齡層次和需求的學生提供了全面的學習機會，並促進了國家教育的全面發展。

第二節　泰國教育的現況

壹、資源不足

　　泰國從學前教育到高中都是免費的。然而，由於資金不足，所謂的免費實際上只是名義上的，政府提供給每個孩子的補助金只有所需金額的三分之一到五分之一左右，實際上仍然需要依賴捐款和家長的自行負擔。和日本一樣，在 COVID-19 大流行的情況下，被迫停課的學校，教育部提出了在各地推進利用通信衛星和網路的線上課程的方針，但在遠離地區的農村和山區等地，甚至連這些設施都沒有，這使得農村和少數民族的孩子失去了接受教育的機會。（村田美子，2023）

　　為了解決這些問題，泰國政府應該增加對教育的資源投入，特別是在學校設備和教材方面。這可以通過增加教育預算和改革財政政策來實現。儘管政府已經在公共教育方面進行了投入，但進一步增加預算可以改善學校基礎設施和資源，提供更好的學習環境和教學資源；同時，政府還可以積極尋求私人和企業的合作，以吸引更多的資金和資源投入到教育領域。

　　除了增加資源投入外，進行結構性變革也是改善教育品質重要的一環。政府應該針對教育體系中存在的問題進行深入分析，並制定相應的政策和計畫。這可能包括改善教學方法和課程設計，提供更好的教師培訓和專業發展機會，以及強化學生支持和評估機制；這些措施將有助於提升教育水平和教學品質，讓學生能夠更好地發展。

　　總體來說，泰國政府應該加強對教育的資源投入，改善學校設備和教材的不足問題，這需要增加教育預算，尋求私人和企業的合作，以及進行結構性變革，以提高教育品質。這些努力將有助於確保泰國的教育體系能夠達到全球學術標準，並為學生提供更好的學習環境和機會，促進泰國社會的全面進步。

貳、教育體制相對保守

　　泰國的教育體制被認為相對保守，對創新和革新的接受度較低，學校普遍採用傳統的教學方式和教育理念，這可能限制了學生實踐和應用能力的發展。儘管大學擁有良好的硬體設施，但教育思維仍偏向保守，且教育資源較為封閉，學生在跨學院選課、旁聽或進入圖書館借閱等方面可能面臨困難（亞細安，2017）。此外，泰國學校的課程未能有效迎合社會經濟發展的需求，尤其在 1990 年代至二十一世紀初，泰國等東南亞國家主要依賴出口導向的勞力密集型產業賺取大量外匯，但卻未能實現經濟體的高附加價值轉型，從而陷入所謂的「中等收入陷阱」；如果不更新課程以更好地適應現代世界的需求，泰國教育系統可能面臨產生失業一代的風險。（黎柏君，2021；Borgen Project, 2017）

參、泰國城鄉教育機會的不平等

　　根據研究，泰國教育體系面臨著教育機會不平等的挑戰，這對於整體教育改善帶來了困難，學生在英語、科學、數學、泰語技能和批判性思維能力方面一直低於國際標準和泰國鄰國的水平。教學體系存在著一些問題，包括認知轉移不足、教室擁擠，以及對學生進步監控不力等問題，這些因素導致城市學校的學生相比農村學校的學生表現出較高的進步率。（Borgen Project, 2017；Education Destination Asia, 2022）

　　為了改善這些問題，泰國政府和教育機構可以採取一系列措施，這包括增加教育資源投入、改善農村地區的教育設施、提供更多教師培訓和支持，以及加強對學生學習進展的監測和評估；同時，重視提升學生的英語、科學、數學、泰語技能和批判性思維能力的教學方法和課程設計也非常重要。

　　總結來說，泰國的教育體系面臨著教育機會不平等和多種挑戰，透過投入更多資源、改善教育設施、提供教師培訓和監測學生進步等措

施，可以逐步改善這些問題，提高教育的品質和學生的學習成果；政府和社會各界應共同努力，確保每個學生都有平等的教育機會，從而為泰國的教育體系帶來全面的發展和進步。

肆、師資的品質良莠不齊

泰國教育體系存在教育資源分配不均的問題，城市地區的教師品質明顯優於鄉村地區，而小型和農村學校則面臨較少的資源投入，儘管政府在教育上投入了大量預算，但這主要集中在已經取得成功的學校上。因此，除了教育體系的不平等之外，泰國需要進一步改善教育資源的分配和提升師資品質，以提高整個教育體系的品質。（亞細安，2017；Kevmrc Travel Blog, 2021）

為了解決這些問題，泰國政府可以採取措施來平衡教育資源的分配，這可能包括增加對小型和農村學校的資金投入，改善其基礎設施和學習資源，並提供更多的培訓和支持給鄉村地區的教師。此外，建立師資培訓計畫，提高教師的專業能力和教學品質，也是非常重要的；這可以透過增加教師培訓機會、提供持續的專業發展和教學資源來實現。

同時，泰國政府應該關注整體教育體系的發展，而不僅僅是關注已經成功的學校，這可以透過更公平地分配預算、制定有針對性的政策和措施來實現，確保教育資源的公正分配和提高教育品質，將有助於減少城鄉差距，提供公平的教育機會給所有學生。

總結來說，泰國面臨著教育資源分配不均和師資品質良莠不齊的問題。透過平衡資源分配、提升教師品質和關注整體教育體系的發展，泰國可以改善教育品質，並縮小城鄉教育差距。這需要政府的努力和長期承諾，以確保每個學生都能獲得公平和高品質的教育，政府、教育機構和社會各界應攜手合作，共同為泰國的教育體系帶來積極的變革和進步。

伍、高等教育的升學比例偏低

根據 2022 年的數據，亞洲各國中學生進入高等教育的升學率呈現如下情況：韓國為 100.32%、澳門為 114.72%、香港為 104.22%、日本為 62.14%、泰國為 49.14%、中國為 71.98%。從數據中可以觀察到，韓國、澳門和香港的升學率超過 100%，顯示了一部分學生可能透過多種途徑進入高等教育體系。

然而，相較之下，日本和中國的高等教育升學率相對較低，分別為 62.14% 和 71.98%。值得注意的是，日本和中國的高等教育體系可能對學生提出較高的門檻，這導致了相對較低的升學率。另一方面，泰國的高等教育升學率僅為 49.14%，相對於日本和中國，這顯示出泰國的高中生中只有不到一半能夠進入大學。

總體來說，這些數據反映了亞洲各國在高等教育升學方面存在的差異，可能受到各國教育體系、政策和社會環境的影響。（GLOBAL NOTE, 2023）

這些數據顯示，泰國的高等教育升學率相對較低，與其他亞洲國家相比存在差距。臺灣和韓國的高升學率可能反映了這些國家對高等教育的高度重視，以及為學生提供進入大學的機會和支持系統。相比之下，泰國在這方面面臨挑戰，可能存在教育資源分配不均、高等教育門檻較高等問題。

為了提高泰國的高等教育升學率，需要採取一系列措施，這可能包括提供更多的高等教育機會、確保教育資源的公平分配、降低升學門檻、提供更多的經濟支持和獎學金，並加強學生職業指導和選擇的輔導；同時，改善中等教育的品質，提供更多高品質的教育資源和培訓，也是提高升學率的重要因素。

總結來說，泰國的高等教育升學率較低，相對於其他亞洲國家存在一定差距。透過改善教育資源分配、降低升學門檻、提供經濟支持和提

升教育品質等措施，可以提高泰國的高等教育升學率，爲更多的學生提供進入大學的機會。

陸、學生的學科素質低於全球平均水平

PISA 是「國際學生能力評估計畫」（Programme for International Student Assessment），由經濟合作暨發展組織（Organisation for Economic Co-operation and Development, OECD）所主辦的全球性學生評量，每 3 年對 15 歲學生進行閱讀、數學和科學等三領域的評估。觀察泰國近三次 PISA 測驗，2012 年結果顯示泰國學生在三領域均明顯低於該年參與國平均水準。2015 年，泰國學生各領域成績更大幅倒退，尤以閱讀能力明顯下降。2018 年，雖在數學和科學有些許進步，但閱讀成績再度創下有史以來的新低。總體而言，泰國學生的閱讀能力連年下滑，成績讓人深感憂慮。（黎柏君，2021）

泰國的教育品質，需要採取綜合的措施，這可能包括改善教學方法和課程設計、提供更優質的教育資源和教師培訓，並加強學生的學習支持和監測；同時，需要關注教育資源的均衡分配，特別是在農村地區和弱勢社群，以確保每個學生都能享有公平的學習機會。

應該加強國際間的教育研究和合作，借鏡其他國家成功的教育實踐，並將其帶入泰國的教育環境中，這樣可以提供新的觀點和方法，促進教育改革和提升學生的學習成果。

泰國的教育品質仍然需要改善，透過改進教學方法、提供高品質的教育資源、加強教師培訓和學生支持，以及關注教育資源的均衡分配，可以提高泰國的教育水平；同時，與國際間的教育研究和合作也是促進教育改革的重要手段，以實現更好的學生學習成果。

柒、高等教育赴海外留學的比例偏低

根據聯合國教科文組織（United Nations Educational, Scientific and Cultural Organization, UNESCO）的數據，泰國高等教育階段赴海外留學的學生比例只有 1.3%，這一比例相對於鄰近國家，如馬來西亞的 7.9%、臺灣的 4.4%、越南的 2.6% 和中國的 1.9%，顯示出泰國的高等教育留學比例相對較低；此外，泰國留學生的首選目的地主要集中在美國（占 25%）、英國（占 22%）和澳大利亞（占 17%）。（亞細安，2017）

這些數據顯示，泰國在高等教育階段赴海外留學的比例較低，相對於鄰近國家存在明顯差距。相比之下，馬來西亞、臺灣和越南的高等教育留學比例較高，而中國的留學比例也稍高於泰國。

泰國留學生的首選目的地主要集中在美國、英國和澳大利亞，這些國家在教育領域享有良好的聲譽和高品質的教育資源，因此吸引了泰國學生前往留學。

為了提高泰國的高等教育階段赴海外留學的比例，泰國政府和教育機構可以採取一系列措施，這可能包括提供更多的獎學金和經濟支持、鼓勵學生積極參與國際交流項目，並增加對留學機會的宣傳和推廣；同時，泰國高等教育機構也可以與國際合作夥伴建立更多的交流項目和學術交流計畫，吸引更多國際學生來泰國學習，實現雙向的國際學術交流。

總結來說，泰國高等教育階段赴海外留學的比例相對較低，相對於鄰近國家存在一定差距。透過提供更多的獎學金和經濟支持、鼓勵學生參與國際交流項目、增加對留學機會的宣傳和推廣，以及與國際合作夥伴建立更多的學術交流計畫，可以提高泰國高等教育留學比例，促進國際學術交流與合作。

捌、少子化的問題

　　泰國正面臨著嚴重的少子化問題。根據泰國國家統計局（National Statistical Office）的統計數據，泰國的出生率從 1980 年代的約 3.3% 下降至目前的 1.5%。這意味著未來泰國的人口將急劇減少。隨著泰國學生人數的快速下降，專家們普遍認為，泰國的高等教育機構將面臨嚴重的關閉風險。根據估計，未來十年內泰國四分之三的高等教育機構將關閉，這將對泰國的經濟和社會發展帶來重大影響。為了解決這個問題，泰國政府正在採取多種措施，例如：鼓勵年輕人生育、提高生育率、改善兒童教育等。（National Statistical Office, 2020；Kevmrc Travel Blog, 2021）

　　泰國政府正積極應對少子化問題，以確保高等教育機構的可持續經營和國家的發展。其中一項措施是鼓勵年輕人生育，以提高生育率，政府可能實施相應的政策和獎勵措施，以減輕年輕夫婦在生育方面的壓力；此外，改善兒童教育也是解決少子化問題的重要因素之一，透過提供更優質的早期教育和兒童發展支持，可以增加年輕家庭的生育意願。

　　除了這些措施，泰國政府還可以推動職業生涯規劃和支持，以吸引年輕人留在泰國，並提供更多的就業機會，這有助於減少年輕人選擇離開國家的趨勢，從而緩解人口減少對高等教育機構的衝擊。

　　總體來說，泰國面臨著嚴重的少子化問題，這對高等教育機構和國家的發展造成了挑戰。泰國政府正在採取多種措施，包括鼓勵生育、提高生育率和改善兒童教育，以應對這一問題；此外，職業生涯規劃和就業支持也是吸引年輕人留在泰國的重要因素。這些努力將有助於解決少子化問題，確保高等教育機構的可持續營運和國家的繁榮發展。

第三節 泰國教育品質提升策略與教育改革措施

壹、教育品質提升策略

一、增加教育預算

政府應加大對教育的投入，提升學校的基礎設施和教學資源，改善教師的薪資待遇和培訓費用，從而提升教育品質。泰國政府應針對表現不佳的小型學校進行整併，以建立完善的教育網絡。對於表現較優的小型學校，應增加更多的教育資源投入。（黎柏君，2021）

二、改善教師培訓

政府可以實施有針對性的教師培訓計畫，提高教師的專業能力和知識水平，從而更好地指導學生學習。此外，政府應該提供持續進修和發展的資源和機會，以保持教師的熱情和進步，這是確保教師素質和提高教學品質的基礎。（蔡明學，2021）

三、建立評估機制

政府應該建立科學的教育評估機制，以提高教育品質，鼓勵學校和教師進行自我反思和改進。泰國應加強以學生學習成效為導向的教師和學校評鑑，從而提升學生的學習成效。（黎柏君，2021）

貳、教育改革措施

為了推動教育改革，政府和教育機構可以採取創新和革新的措施，改變傳統的教育體制，推動教育改革，從而提高學生的學習動機和實踐能力。2018年駐泰國代表處教育組公告了泰國教育部已經發布了6個方面的改革措施，包括教師改革、增加、分散機會與提高教育品質、

改革教育管理、改革學習、產學合作增加競爭力以及調整 ICT 系統。
這些改革已經帶來了實質成果，包括：

一、在教師改革方面，提出了多項措施，以提升教師素質為核心目
標。這些措施包括發展教師潛能並提升英語能力，同時創建教師
專業發展機構，以減少培訓的重複性，從而解決教師缺課的問題；
此外，鼓勵優秀學生選擇就讀教育相關學系，並透過發展家鄉社
區來實現產學合作，提高整體教育水平；同時，也鼓勵教師積極
參與各種計畫申請，包括改善教師宿舍環境和解決債務等。

二、為了實現教育機會的分散和提高教育品質，採取了多項策略。包
括舉辦重要計畫，以減少教育落差，同時為偏遠地區的學生提供
或分配上學機會；除此之外，開設 68 所公立學校和技職國民學
校，為勞工階層及一般國民提供基礎和技職教育；透過調整大學
入學考試制度以及發展南部特區的教育策略和特殊教育，確保全
國國民都能享受到高品質的教育。

三、在改革教育管理方面，實施了多項舉措，以確保教育體系的效率
和透明度。其中包括設立 42 所夥伴學校，引入私營公司參與管
理，同時加強優秀人才的考試和防範作弊的措施；調整教育評量
和學校品質保證系統，確保教育的評估和監控更加全面和準確；
同時，建立教育平等基金會法規，以實現教育領域的廉潔和效率。

四、學習方式改革方面，針對現代教育趨勢，提出了多項重要舉措。
包括推動 STEM 教育，將科學（Science）、技術（Technology）、
工程（Engineering）和數學（Mathematics）整合到教學中，促進
學生的綜合素養；調整歷史課程、愛國意識、宗教信仰和泰國王
室理念，培養學生的身分認同感；引入 Sport Room 計畫，培訓專
業人才，提升體育教育的品質；同時，推動 English for All Echo V
計畫，提升學生的英語能力，增強他們的國際競爭力。

五、為了提升產學合作，增強國家的競爭力，制定了多項策略。包括

計畫五年內培養 8,500 名新世代技職教育畢業生，推動新世代職業課程，從而滿足市場需求；在工業區舉辦產學職業人力培訓，確保學生具備實際技能；同時，培育新世代畢業生，支持國家 8 個工業科目，在大學提供多元的課程，以滿足不同學生的需求。

六、改革 ICT 在教育領域的應用，通過教育部的 Big Data 計畫，建立核心教育資料庫，實現教育資訊的共享和管理；透過即時管理，提供高速上網，為學生提供更豐富的學習環境。

總而言之，提升泰國教育品質需要政府、教育機構和社會各方通力合作，透過增加預算、改善教師培訓、推動教育改革、強化科技應用、培養學生創新能力，以及建立評估機制等多種途徑，共同推進泰國教育水平的提升。政府應該加大對教育的投入，提高學校的基礎設施和教學資源，提高教師的薪資待遇和培訓費用，並針對表現不佳的小型學校進行整併，以建立完善的教育網絡。同時，政府可以實施有針對性的教師培訓計畫，提高教師的專業能力和知識水平，並提供持續進修和發展的資源和機會；建立科學的教育評估機制，以提高教育品質，鼓勵學校和教師進行自我反思和改進。同時，政府和教育機構可以採取創新和革新的措施，改變傳統的教育體制，推動教育改革，從而提高學生的學習動機和實踐能力。這些策略和措施的實施已經帶來了實質成果，進一步促進泰國教育的發展和進步。

參考文獻

1. 石儒居、李柏旻，2017，〈教育部「新南向政策」重點國家策略規劃研究案～泰國產業教育人力需求評估結案報告書〉，國立屏東科技大學國際事務處。

2. 朱昆、龐雪群，2006，〈泰國中小學教師教育課程設置及啟示〉，《經濟與社會發展》，4（1），頁215-217。

3. 李光華，2004，〈泰國教改，百年劇變，平和遞嬗〉，《教育資料與研究》，58，頁155-159，國立教育資料館。

4. 村田美子，〈タイの子育て・教育事情を徹底解説〉，Oriori。2023年12月13日，取自網址：https://oriori.education/2007176。

5. 李昱成，〈比較教育基礎文獻分析：泰國教育制度及教育改革〉，SlideShare。2012年12月6日，取自網址：https://www.slideshare.net/macdolphinlee/ss-15148965。

6. 居外，〈泰國教育制度簡介〉。2017年10月24日，取自網址：https://m.juwai.com/news/236518。

7. 亞細安，〈泰國教育如何培養出「模犯生」？〉。2017年11月1日，取自網址：https://medium.com/%E4%BA%9E%E7%B4%B0%E5%AE%89-asean-now/%E6%B3%B0%E5%9C%8B%E6%95%99%E8%82%B2%E5%A6%82%E4%BD%95%E5%9F%B9%E9%A4%8A%E5%87%BA-%E6%A8%A1%E7%8A%AF%E7%94%9F-38d83b7212e4。

8. 徐子軒，〈泰國4.0的未來：教育預勢，找不到對策的人才隱憂〉，轉角國際。2017年8月28日，取自網址：https://global.udn.com/global_vision/story/8663/2663809。

9. 高君逸，〈泰國如何走向產業轉型之路〉，區域經濟論壇。2018年9月21日，取自網址：https://www.cier.edu.tw/site/cier/public/data/179-104-110-%E5%8D%80%E5%9F%9F%E7%B6%93%E6%BF%9F%E8%AB%96%E5%A3%87-%E9%AB%98%E5%90%9B%E9%80%B8.pdf。

10. 泰國房產攻略網Thaikii，〈令人嚮往的泰國教育體系〉。2023年9月1日，取自網址：https://thaikii.com/thailandschool/。

11. 郭玲玲，2011，〈WTO框架下新馬泰高等教育發展之比較〉（未出版之碩士論文），國立成功大學教育研究所。

12. 陳曉，2002，〈泰國教育法顯改革決心〉，《世界教育信息》，9（7）。

13. 黃建如、盧美麗，〈泰國高等教育管理中的政府行為〉，東南亞縱橫。2023年8月5日，取自網址：https://core.ac.uk/download/pdf/41444802.pdf。

14. 馮增俊，1996，〈戰後泰國教育發展的基本經驗、問題及展望〉，《教育導刊》，6，頁27-29。

15. 葉川榮、黃婷鈺，〈泰國的民族教育體制〉，《全球視野看民族》。2017年10月號，77期，取自網址：https://alcd-web.s3-ap-northeast-1.amazonaws.com/uploads/2017/12/14/7ea62967d9251eafddf0a8d31b8be918.pdf。

16. 楊思偉，〈教育大辭書：泰國學校制度〉，《教育大辭書》，國家教育研究院。2020年，取自網址：https://terms.naer.edu.tw/detail/f96a-c42a7e3302fe61ded7feafd908d5/。

17. 駐泰國代表處教育組，〈泰國6個改革教育的成果〉。2018年6月18日，取自網址：https://teric.naer.edu.tw/wSite/PDFReader?xmlId=2011286&fileName=1535433035334&format=pdf。

18. 蔡明學，〈從教師專業中提升教學品質的方法〉，《國家教育研究院電子報》，203。2021年1月，取自網址：https://epaper.naer.edu.tw/edm.php?grp_no=2&edm_no=203&content_no=3570。

19. 黎柏君，〈泰國能否跳脫「中等收入陷阱」？論泰國教育改革困境〉，臺北論壇。2021年7月15日，取自網址：https://www.taipeiforum.org.tw/article_d.php?lang=tw&tb=4&id=4306。

20. バンコク下町ライフ，〈タイの教育制度〉。2018年，取自網址：https://thai-miya.net/school/。

21. ASIA to Japan，〈チュラロンコーン大学はどんな大学？入学から就職活動までのタイの教育制度とは？〉。2020年5月13日，取自網址：https://asiatojapan.com/news/report/chulalongkorn-university/。

22. GLOBAL NOTE，〈世界の大学進学率・国別ランキング・推移〉。

2023年12月11日，取自網址：https://www.globalnote.jp/post-1465. html。

23. ShangEdu，〈來扒一扒泰國高考制度那些事〉，學子尚留學。2021年 10月18日，取自網址：https://www.xuezishang.com/h-nd-282.html。

24. XOER，〈帶你了解泰國真實的教育水平，終於知道為什麼留學泰國〉。2022年，取自網址：https://www.xoer.cc/1817357。

25. Borgen Project, 2017, June 21, 10 FACTS ABOUT EDUCATION IN THAILAND. Retrieved from: https://borgenproject.org/facts-about-education-in-thailand/.

26. Education Destination Asia, 2022, School Education System In Thailand. Retrieved from: https://educationdestinationasia.com/essential-guide/thailand/thailand-education-system.

27. Fongsamut, C., & Leelapattana, W., 2019, A Study of Non-formal Vocational Education in Thailand. In Proceedings of the 2019 7th International Conference on Education and Training Technologies (ICETT 2019) (pp. 1-6). Atlantis Press.

28. Kevmrc Travel Blog, 2021, 25 Thailand Education Facts (all about Thailand school system). Retrieved from: https://www.kevmrc.com/thailand-education-facts.

29. Ministry of Education, Thailand, 1999, The Thailand education reform, the first round (1999-2009). Bangkok: Office of the Education Council, Ministry of Education, Thailand.

30. Ministry of Education, Thailand, 2009, Proposals for the second decade of education reform (2009-2018). Bangkok: Office of the Education Council, Ministry of Education, Thailand.

31. National Statistical Office (2020). *Thailand statistics*. Retrieved from: https://service.nso.go.th/nso/nsopublish/themes/files/StatisticalYear-

book/2563/2563.zip (PDF file).

32. Samranrat, S., 2020, Training quality management for non-formal vocational education in Thailand. Journal of Open Innovation: Technology, *Market, and Complexity, 6*(4), 116.

33. Scholaro, Inc., 2022, AMET Education: Education System in Thailand. Retreived from: https://www.scholaro.com/db/Countries/Thailand/Education-System.

Chapter *3*

泰國的藝術文化

許淑婷[*]

[*] 美國斯伯丁大學教育博士，現任環球科技大學通識教育中心副教授、環球科技大學圖書
資訊處圖資長。

第一節　泰國文化節慶

泰國是一個典型的佛教國家，有兩千多年佛教史的文明古國，素有黃袍佛國的美譽。傳統藝術上，最主要是由佛教藝術和印度史詩中的場景所組成，例如：寺廟、佛像雕刻、佛塔裝飾，皆與神話史詩有所相關。寺廟在泰國各地，無論是城市還是鄉村，都成爲社會生活和宗教生活的中心。從地方節慶到社區經濟的創造下，結合了宗教文化、教育、官方與民間的力量，極其希望保持藝術文化的凝聚感（張雅梁，2012）。目前許多國家將「文化」視爲社會發展與促進地區經濟的重要資產，文化藝術會隨著區域的不同，逐漸交織出繽紛多元的藝術風景，藝術文化中皆蘊含著他們的宗教信仰。泰國以豐富的旅遊資源聞名於世界，其不但擁有優美的自然風光，還擁有獨特的人文景觀，這些都成爲吸引世界各地遊客到來的重要原因。

泰國可說是全年都有節慶活動，傳統文化與民俗都深受佛教影響，許多節日與慶典都與當地的寺廟息息相關。文化參與是一種生活方式的核心，居民對文化活動的參與及興趣，可提升節慶文化的永續性。已行之有年的地方慶典，如：蠟燭節、水燈節、潑水節、火箭節、鬼面節等等，從這些活動的推廣，可以看出泰國在各項文化交流與社會發展上相當積極投入，讓世界各國了解泰國文化，致力於提升國際知名度。而孔劇是泰國最具有代表性的文化傳統表演，具體分爲配樂、技藝、表演動作及孔劇服飾。（楊俊業，2019）

泰國常常舉辦一系列通俗且文化門檻較低的節慶活動，各地節慶的形式相當多樣，也會依照節日及月分依序舉辦。泰國文化的節慶，皆依月分舉辦，例如：2月爲「花節」；3月爲「大象自助餐節」和「世界泰拳拜師大會」；4月分爲「叻達納哥信王朝庇蔭下的235年」；5月爲「神奇水果特產節」和「佛誕節禮佛及巡燭禮」；6月爲「東部盛大

水果節」；7月爲「豬腳節」、「三寶佛節—弘揚佛教周」、「蠟像巡遊」和「蠟像花車遊行」；8月爲「榴槤節」；9月爲「放鬼節」、「柚子節」、「海祭」、「宋卡旅遊節」及「抱佛潛水傳統儀式」；10月爲「奔牛節」、「帝王蕉節」、「傳統彩燈船湄公河巡遊」、「泰國皇室傳統習俗與禮儀文化」；11月爲「國際萬人天燈節」、「大象節」、「多彩河流文化節」、「泰國特色文化」、「猴子自助餐節」、「紅蓮花海季」及「聖誕紅賞花節」；12月活動爲「尖竹汶神奇聖誕節」。（王斐君，2012；韓東，2014）

第二節　泰國舞蹈藝術文化

　　泰國舞蹈作爲傳統藝術文化的一部分，是國家傳統文化中一顆璀璨的明珠。東南亞國家的舞蹈中，一些國家的舞蹈藝術與宗教文化有著密切的聯繫，可以看出舞蹈藝術的宗教文化特性極強；泰國即有非常顯著的宗教文化滲透在舞蹈詞彙、風格和音樂中，也涵蓋多元的種類，如：祭祀舞蹈、宗教舞蹈、宮廷舞蹈和民間舞蹈。（韓燕平，1993）

　　泰國舞蹈藝術與宗教文化皆深深影響舞蹈作品的表演，而歐洲民間舞的舞蹈作品，如：俄羅斯、匈牙利、西班牙的民間舞，與東南亞相比，在風格、音樂和習俗方面都有顯著的差異（蘇原春，1988）。在各地充滿鄉土氣息的泰國民族舞蹈，現今也構成了泰國旅遊重要的觀光產業及重要支柱之一。泰國舞劇中「孔」、「洛坤」經過漫長的歲月，皆已發展成爲獨立的一門舞蹈藝術，洛坤劇早期從民間傳入宮廷，之後再傳回民間，受到泰國人民的喜愛和各國人民的尊重，被讚譽爲「東方有素養的舞蹈藝術」。（岳春，2011；李楠，2017）

　　泰國舞蹈特別之處，是舞者身體的動作優雅，及緩慢節奏中有著相當豐富的內涵與語言的表達，而「面具舞」則是一種亦流傳於柬埔寨的日常傳統舞蹈，每個地區都表現出不同面具獨特的形態與舞蹈種類、詞

彙、形式和音樂等,因爲柬泰之間的文化很相似(陳鵬,1991)。舞者在舞臺上的演出,有時也會按照各地的信仰與神話故事,加以模仿並加入一些道具來表演,一直被泰國人民傳承與發展著。

壹、泰國古典舞蹈的淵源

泰國的古典舞是一種十分複雜而微妙的藝術,舞蹈主要起源於古代祭祀的戲劇或傳統舞蹈。古典舞與戲劇融合爲一種不能分割的特色,尤其在古典舞中「孔」又稱「啞劇」,以啞劇舞馳名,是泰國藝術的驕傲。泰國的古典舞已約有三百多年歷史,是泰國舞蹈藝術精華,舞蹈最早源於印度南部「卡達卡利」的宗教舞蹈,同時受中國皮影戲和柬埔寨宮廷舞蹈的影響。泰國的傳統舞蹈,多數在表演慶豐收的狀況,或消除災難的場景,主要訴說關於一個婆羅門教在情節上相當曲折的故事,每個舞步、動作都具有特殊含義。隨著時代的進步和外來戲劇藝術的影響,泰國舞劇藝術也有了改進。(岳春,2011)

古典舞蹈的分項主要是民族舞和古典舞兩種:

一、民間舞蹈

泰國的民族舞蹈十分豐富多彩,一般民間舞又分社交舞和季節舞。社交舞是一種集體舞的形式,常在城市中的舞廳舉行,如「祝福舞」與「婚禮舞」是結婚習俗上的表演。一般社交舞本身屬於較正規的舞蹈,並不是提供給觀眾消遣,而是屬於表演者自娛的性質。季節舞也是集體舞,是慶祝勞動者豐收的一種舞蹈形式,透過一些輕鬆簡單的步法、動作和隊形變化,來抒發勞動生活的情感和內心的喜悅;如表演婦女們下田插秧活動的「豐收舞」與「民舞」。(田禾、周方治,2009)

二、古典舞蹈

　　泰國的古典舞分為「孔」和「洛坤」兩種。表演中的男子頭纏巾，衣服一般著長袖青色無領衫褲，而女子則是頭頂堆髻插白花，衣服是黑色或棕色衣裙。古典舞蹈主要以宗教、神話為題材，這種古典舞蹈的呈現，需要透過舞蹈步法和動作來說明內容及反映事物。泰國的古典舞最早是由印度法師傳入，在舞蹈技術上需較高的能力，結構較複雜，組織內容也比較精細。一般舞蹈表演的場面有單人舞與雙人舞，有時也會出現集體舞的場面。（披耶阿努曼拉查東，1987）

貳、泰國古典舞蹈的分類

　　古典舞區分為「宮內」及「宮外」，宮內舞蹈的表演較為嚴肅古板，並無滑稽場面；相對的，宮外舞蹈在表演上較詼諧有趣、活潑自由。古典舞蹈若以國家區域來劃分，可區分為北部、南部、中部和東部舞蹈。泰國北部舞蹈主要在於泰國宮廷舞蹈的發展與傳承，對柬埔寨與緬甸舞蹈進行盛大節日和禮佛上的表演，保留北部舞蹈、蠟燭舞、布簾舞及長甲舞。泰國南部舞蹈在於祈福還願、祭祀活動及節日慶典中進行，具有非常濃厚的傳統文化色彩，如神話傳說和民間故事的穆魯娜及諾拉，以及舞蹈孔劇，主要體現泰國人民的習俗、文化與傳統生活。南部舞蹈多注重在手勢、手型等手部動作，而常用的手勢是拈花指；其次，舞者在表演體態上採用半蹲形式，或者赤腳做身體動作的屈伸。泰國中部與東部的民間舞蹈涵蓋了農作舞、豐收舞和婚禮舞等，主要舞蹈的題材來自泰國人民日常生活中的農事、勞作、婚嫁、愛情等。（岳春，2011）

參、泰國古典舞蹈特徵

　　泰國的古典舞約有三百年歷史，最著名的是稱為「孔」與「洛坤」

的面具舞。孔劇盛行於泰國南部，表演的舞蹈動作較洛坤強烈，洛坤在手語表達上極為講究，造型上亦文靜優美；但兩者的基本舞步則大同小異，該舞劇是從印度廟的典禮和舞蹈演變而來（李嵐，2017）。面具舞在全舞表演時，兩者之間最特別的差異，在於「孔」的面具舞，所有男性舞者都需要帶著不同的面具，並穿著相異的服裝，來顯示其身分；而「洛坤」的面具舞中，所有男舞者則大多以真面目示人，不需要帶上任何面具，但兩者面具舞表演的方式卻同樣深受人民的歡迎。

孔劇表演者，需先熟練並掌握全部的表演動作——即手語。因「孔」舞蹈中，演出時不會有任何對話，所以在動作上是以手和手指來表達；如「凶殘」是食指指向地面、「憤怒」是雙手摩擦頸部或頓足、「友好」是兩手臂伸直，雙手掌平疊在一起、「愛」是將兩手交叉貼於胸前、「喜悅」是左掌伸平掌背靠近嘴角等。表演者完全是赤腳表演，在舉手投足之間，動作緩慢，富有韻律感，身段嫵媚動人、婀娜多姿。（陳鵬，1991）

一、舞姿方面的表現

舞者在表演時，肢體的表達動作較為繁雜，因為演員沒有任何的對話，因此主要的舞蹈動作表現在手部動作。表演者的姿態隨著音樂屈伸與律動，在動作上主要是呈現三道彎以及下身半蹲方式，而手勢則千變萬化地呈現緩慢的舞蹈動作。表演過程中，身體的動作利用了舞蹈詞彙，對宗教的佛家思想進行了體現，更是呈現出不同宗教寓意的象徵，對禮儀、祭祀、和平、宗教與祈禱等佛教思想的詮釋。（韓燕平，1993；於曉晶，2013）

二、道具方面的表現

古老的宮廷指甲舞，比較流行在泰北地區一帶，其表演密切聯繫著

泰國的佛教理念。在舞蹈表演中，舞者對道具的要求比較特殊，利用在手部佩戴金色的長指甲，表演者在演出的過程中，主要進行緩慢的造型性動作。整個舞蹈呈現動中帶靜、靜中帶動，尤其是女演員在動作的傳情及眼睛的傳神，蘊藏著無止盡的神韻。

三、服飾方面的表現

泰國表演者所穿著的舞蹈服飾，是以著名的泰國絲製成，使用金色的布料，以華麗富貴為視覺之美，猶如泰國佛寺的富麗堂皇。「長甲舞」是泰國的宮廷舞蹈之一，經常在宗教活動及紀念典禮中出現，舞蹈中充滿濃厚宗教氣息。舞者的頭部須戴上塔形的金冠和高高盤起的金色帽子，如寺廟風格的寶塔型金冠，在服飾和道具中融入了宗教文化。而這種螺旋塔形狀的金色帽子，其鮮豔華麗的色彩，是佛教在色彩上的表現，也是泰國佛教的標的性建築物「佛塔」的一種象徵，完整地體現出泰族的佛教傳統文化。

四、傳統音樂的體現

泰國作為一個佛教大國，傳統音樂形態在不同地區之間具有一定的差異，透過音樂的改良，泰國人將更多的佛教音樂元素融入到音樂作品中，音樂形式上則密切聯繫著宗教文化。其中，「康」和「拉坤」是泰國著名的傳統音樂形式之一；「康」是宮廷的禮儀，主要演出在宗教活動和婚喪嫁娶，與「康」一起演出的舞蹈劇是「拉坤」，它是印度舞蹈主要的動作來源（於曉晶，2013）。在東南亞國家中，泰國舞蹈的音樂獨特性非常顯著，貫穿著強烈的宗教音樂元素，以不同的舞蹈和音樂配合不同的佛教祭祀活動，宗教文化色彩極其濃厚。

第三節　泰國音樂藝術與文化

壹、泰國傳統音樂的起源

　　據說，泰族最早居住在現今中國廣東省西南部。泰國傳統音樂具有獨特的音樂架構和傳承方式，當時的泰族人已有部分音樂活動的軌跡，但音樂活動的內容有多少是來自泰族本身或中國文化，沒有足夠的資料來論證。從泰國現有的傳統音樂體系的組成部分來看，可以發現和中國音樂有很密切的關係；當蒙古人占領了中國南部時，泰族開始南遷到現在的泰國、北緬甸和寮國一帶。泰國傳統音樂被世代傳承，同時又不斷隨著時代發展而吸納新元素，在保持本土特色的基礎上與時俱進，其中有關聲樂演唱技術的研究，以及有關聲樂教學探討的文獻更占多數，由此充分表現出在聲樂理論的發展中對演唱技術與教學的重視程度。泰國音樂的貢獻要歸功於當時泰族人的王朝國王，以及一些王子對音樂的熱心與熱衷。泰國傳統音樂的獨特性體現在其與宗教的緊密相連上。被譽為「千佛之國」的泰國，其傳統音樂的發展始終與宗教活動、宗教信仰緊密聯繫在一起，從藝術發生角度看，大部分起源於宗教。（程多佳，2015）

貳、泰國傳統音樂的發展

　　泰國處於英屬緬甸和法屬印度兩個殖民地中間，因沒有完全淪為帝國主義的殖民地，泰國傳統音樂的發展保存了其獨特性，並完全被保護在王宮和貴族府邸中，因此西方音樂對泰國傳統音樂的影響較小。泰國傳統音樂本身是以中國音樂為基礎演變而來的，但以銅排鑼組成的樂器合奏則來自東南亞。中國的五聲音階體系與柬埔寨所採用的音階體系，是來自於印度音樂體系的結合，結果這種相互結合而形成一種等音程的七音音階，即印度音樂成分的影響作用促使了這種體系的形成。但等音

程音階也有可能是泰族本身獨創的一種體系，或者是柬埔寨人的早期創作，進而爲泰族所採用，逐漸發展爲一種能夠適應於「轉調」需要的體系。十九世紀中葉以後，西方的傳教士雖然把宗教音樂帶進了泰國，但對泰國的傳統音樂也沒有造成重大影響，而且泰國音樂體系的性質十分獨特，因此，不管當時西方音樂在泰國傳播到什麼程度，其傳統音樂體系依然獨立存在。

參、泰國傳統樂器（斯坦利‧薩迪、約翰‧泰瑞爾，2012）

　　泰國傳統音樂中的樂器亦廣泛應用於宗教儀典中。泰國樂器上可分爲：

一、有調打擊樂器

（一）銅排琴
　　分高音、低音兩種，其音域、音高都和木琴相同，泰國從十九世紀開始才使用這種樂器。

（二）木琴
　　分高、低音木琴，琴上的木鍵是用繩穿編起來，掛在琴身兩端的鉤子上，演奏時用兩支槌敲擊。

（三）排鑼
　　分高、低音排鑼，其音域爲兩個八度，演奏者坐在架子中央，用兩支圓頭的槌子敲擊，樂器是按自然音階順序定音的一組鑼所組成。

二、節奏打擊樂器

（一）鑼
　　是一種很寬的中號鑼，使用槌子敲擊，其直徑爲 6 至 7.5 公分，由薄金屬製成，包括小鑼、雙鈸。

（二）鼓

遜是一種手敲鼓，鼓身形狀是瓶狀單面鼓或大小的杯狀。拉姆瑪內是單面繃皮的手鼓，在樂隊中由一個樂師兼奏。克隆、紮特鼓皮是用釘繃的，演奏時經常是一對，屬於大型的桶狀鼓。塔芬鼓身全用皮條拉緊，是用手來敲擊。

三、吹奏樂器

（一）肯

肯是泰國傳統音樂必用的樂器，類似中國和日本的笙，有各種大小不同的類型，最大的有 2.1 公尺長。肯只流行於泰國的北部，尤其靠近緬甸和寮國的地區。

（二）拍

拍有大、中、小型 3 種，最大也最常使用的一種叫做拍奈，是一種四個簧片的雙簧管樂器，有 6 個指孔，內腔是圓柱形，兩端張開，形似喇叭。

（三）竹笛

竹笛有大小 3 種，笛上有 7 個指孔和一個膜孔，中號使用最多。

四、絃樂器

（一）撥絃樂器

有分加克西和克拉加派。克拉加派的共鳴箱的樣子呈龜背形，有 4 根弦，兩根爲一組，一端是一個長頸，演奏時抱在胸前用撥子彈奏，是最常使用的重要彈撥樂器。加克西這種琴現在不常用了，琴體最早是用鱷魚頭骨所雕刻的樂器，琴下有 3 條短腿作爲支架放在地上，彈撥時是用象牙撥片。

（二）拉絃樂器

有索、丹，與中國的二胡相似，另一種是索、尤，共鳴桶是用椰瓢做成，其次是索、森寒，是一種下端有尖腿的三弦琴，弓不固定在弦內，在樂隊中不是固定常見的樂器，只在需要時用於獨奏，為歌唱伴奏。

肆、泰國流行歌曲與文化

多年來，泰國積極主動與西方國家建立廣泛的聯繫，並以開放的心態與世界的流行文化進行接觸，亦透過不斷湧入的各國遊客吸收與借鑒，吸取了西方的各種理念與制度。音樂作為一種無國界的語言，在各個民族之間的交流中，扮演著極其重要的角色，音樂是一個民族文化的重要組成與藝術成果，更是生活中無形的治療作用。

泰國流行歌曲融入了本國文化的元素與內涵，逐漸進入中國人民的欣賞範圍，成為泰國文化的集中代表，在受到歐美流行音樂影響的基礎上，不但反映了現階段泰國流行文化的最新潮流，更形成了泰國傳統文化鮮明的作品風格與特徵（孫敏，2014）。隨著中泰之間的文化交流日益加深，及經濟不斷擴展下，在欣賞異域風情的歌曲時，可以從另一方面感受到泰國的文化，及加深中泰兩國人民的信任和了解，流行歌曲最終形成了泰國風情的流行文化。（孫敏，2014）

泰國的流行音樂受歐美流行文化的影響較深，這其中有著以下幾點原因：

1. 泰國與西方國家在近現代以來未間斷聯繫，特別是越南戰爭期間，美國將其作為後方基地，大量美軍在此駐紮。

2. 全球化進程加深了泰國與世界其他國家的聯繫深度，既包括經濟的往來，也有文化的交流。

3. 泰國作為旅遊業發達的國家，每年吸引了大量的國外遊客，同時也

帶進國外最新的流行動向。加上歐美流行文化處於當今世界流行文化的主導地位，面對各種外來文化的進入和衝擊的情況下，一部分泰國人的觀念發生了變化，開始更加注重物質方面的追求和享受。但泰國的主流社會仍保持著對傳統文化的尊重，從而使泰國至今仍保持著鮮明、獨特的文化特徵，這些特徵也深深反映在泰國的流行歌曲之中。泰國的流行歌曲雖然有各式各樣與歐美流行歌曲相似的風格和形式，但與此同時也融入和結合了泰國自身的音樂元素，最終形成了泰國特有風格的流行音樂，即一種具有濃厚泰國及東南亞風情的流行歌曲。

參考文獻

1. 王斐君譯著，2012，〈精彩紛呈的泰國節日〉，《英語廣場》，（11），頁38-43。
2. 田禾、周方冶，2009，〈列國志：泰國〉，北京：社會科學文獻出版社。
3. 田可文、王璐，2007，〈1996-2005：面向亞洲的音樂學視野──中國學者對亞洲音樂的研究〉，《南京藝術學院學報》，04。
4. 李嵐，2017，〈淺談泰國舞蹈文化〉，《青春歲月》。
5. 於曉晶，2007，〈泰國傳統音樂文化的教學〉，南京師範大學。
6. 於曉晶，2013，〈淺析泰國舞蹈的藝術特徵與人文價值〉，《北方音樂》，10。
7. 洛秦，2006，〈世界音樂研究的學術價值和文化意義〉，《中國音樂學》，04。
8. 斯坦利·薩迪、約翰·泰瑞爾，2012，《新格羅夫音樂與音樂家詞典》，湖南文藝出版社。
9. 張雅粱，2012，《博物館學季刊》，26（3）：頁151-165。

10. 楊俊業，2019，《探索泰國：泰國文化面面觀》，臺北：凱斯整合行銷有限公司。

11. 韓東，2014，《泰奇幻：深入眾佛國度的人文之旅》，新北：博悅文化。

12. 蘇原春，2016，《戲劇之家》，277（06）。

13. 蘇原春，1988，〈從泰國舞蹈藝術看東南亞舞蹈的宗教文化色彩〉。

14. 韓燕平，1993，〈泰國的音樂和舞蹈〉，《中國音樂》，04。

15. 岳春，2011，《泰國北部山地民族舞蹈文化研究》，雲南大學出版社。

16. 陳鵬，1991，《東南亞各國民族與文化》，民族出版社。

17. 披耶阿努曼拉查東，1987，《泰國傳統文化與民俗》，中山大學出版社。

18. 顏名秀，2017，〈從「暹羅風韻」看泰國傳統音樂家與國樂團的合作：創作《賽約瀑布》與《童謠》有感〉，《關渡音樂學刊》，26，頁79-87。

19. 孫敏，2014，〈淺談泰國流行歌曲與泰國文化的關係〉，《學藝探討：品牌》。

20. 程多佳，2015，〈泰國傳統音樂的發展歷程及其樂器簡介〉，《黃河之聲》，頁14。

第二篇

國際貿易、農業經濟、產業結構與發展策略

Chapter 4

泰國的國際貿易與投資策略

許淑敏[*]

[*] 中國南開大學管理學博士，現任中華民國私立學校文教協會理事、財團法人私立學校興學基金會董事、財團法人雲林縣文化基金會董事、世界華人工商婦女企管協會大台中市分會會長、中台灣女力論壇聯合會副會長。

第一節　泰國的國際貿易與環境分析

　　泰國位在東協的中心位置，區域優勢是明顯的，在社會總體比較上是較穩定的，政策透明度和貿易自由化的程度也較高，尤其在營商環境亦採取包容開放的態度，是東協十國中第二大經濟體。王立平（2023）分析指出，其國內生產總值（GDP）總量僅次於印尼，以服務業占比最大；此外，泰國是東協國家，故商品享有零關稅待遇，對於四周的鄰國具有較強的貿易輻射能力。廖旺（2023）引述世界銀行發布的《2020年全球營商環境報告》顯示，在 190 個經濟體中，泰國的經營環境排名為第 21 名。依照人均國內生產總額，泰國在東南亞國家中居第四，排名在新加坡、汶萊和馬來西亞之後。

壹、泰國國際貿易情況

　　任鴻斌（2023）認為，泰國向來是以貿易立國的「外向型經濟」發展國家，對外貿易的依存度較高，因此，在泰國國民經濟中「對外貿易」居重要地位。泰國同時也是 WTO 的正式成員，與多國簽署了自由貿易協定，並與主要經濟大國的貿易關係融洽，市場的輻射範圍很廣。儘管，近年因受疫情的衝擊與影響，泰國對外貿易的依存度基本上仍保持在 120% 以上。

　　據中國商務部引用泰國商業部公布，2021 年泰國主要進口國為中國、日本、美國、馬來西亞、韓國等；主要出口國為美國、中國、日本、越南、馬來西亞等。泰國經濟成長主要的驅動力是靠出口，出口產品包括農產品、汽車及零組件、電腦設備及零組件、黃金、珠寶飾品、水產和食品加工等。由於 2023 年泰國主要出口國家的購買力不佳，出口市場顯得較疲軟，泰國商業部因而將貿易的重心放在東協新四國——柬埔寨、寮國、緬甸、越南（CLMV）、南亞和中東等具有增長潛力的

國家。據臺灣經濟部國際貿易局（2023）與中國商務部（2023）統計，2018-2022 年泰國進出口情況如表 1：

表 1　2018-2022 年泰國進出口情況

（單位：億美元）

年分	總額	同比（%）	進口額	同比（%）	出口額	同比（%）
2018	5,003	8.64	2,495	11.12	2,507	6.12
2019	4,846	-3.13	2,455	-2.10	2,455	-3.13
2020	4,371	-9.79	2,079	-13.06	2,293	-6.61
2021	5,339	22.14	2,668	28.35	2,671	16.51
2022	5,895	10.4	3,057	14.56	2,838	6.25

資料來源：臺灣經濟部國際貿易局、中國商務部（2023）。

　　臺灣對外貿易發展協會（2023）引用泰國國民經濟與社會發展理事會（NESDC）報告，預測 2023 年泰國 GDP 成長可能在 2.7% 至 3.7% 之間，其中進出口可能分別萎縮 2.1% 及 1.6% 左右，私人消費成長 3.2%，泰國全年整體通膨率會在 2.5% 至 3.5% 之間。

貳、泰國與RCEP國家經貿情況

　　泰國與區域全面經濟夥伴協定（Regional Comprehensive Economic Partnership, RCEP）15 個成員國：包括中國、日本、韓國、澳大利亞、紐西蘭，及東協 10 國，共計 15 個成員國的協定，於 2022 年 1 月 1 日 RCEP 生效。根據泰國海關統計，RCEP 實施後，泰國可以擴大市場，泰國的出口貿易也因 RCEP 而快速成長，對其他成員國之間的貿易提振效果明顯。其中以鮪魚為主的日本市場表現最佳，其次是以榴槤為主的中國市場為第二大出口市場。因 RCEP 實施之效益甚佳，促使泰國政府積極鼓勵其企業多利用 RCEP 協議中的關稅優惠優勢增加出口，努力提

升泰國產品的競爭力。

　　泰國商業部貿易談判司接受《人民日報》訪問（2023）表示，泰國有 3.9 萬種產品獲得關稅優惠，其中 2.9 萬種是零關稅。有些生鮮產品的通關時間從過去的 48 小時縮短到 6 小時，所以 RCEP 的生效正意味著，泰國與 RCEP 成員國進行跨境貿易可以獲得更多的便利，而實際上泰國與 RCEP 成員國的進出口總值更超過泰國外貿總額 50%。在投資領域來看，RCEP 涵蓋的市場和消費者群體是非常巨大的，如此龐大的市場肯定可以為泰國及 RCEP 成員國吸引更多海外投資。

　　2021-2022 年泰國自全球進口前六大來源國及市占率，如表 2。

表 2　2021-2022 年泰國進口前六大來源國占比

名次	2021 年	市占率	2022 年	市占率
1	中國	24.87%	中國	23.42%
2	日本	13.34%	日本	11.41%
3	美國	5.40%	美國	5.95%
4	馬來西亞	4.50%	阿聯酋	5.74%
5	臺灣	3.93%	馬來西亞	4.79%
6	韓國	3.71%	臺灣	3.91%

資料來源：貿協全球資訊網（2022; 2023）。

　　2022 年泰國自全球進口前五大來源國由阿聯酋（市占率 5.74%）躍居第 4 名，韓國排名則退到第 7（市占率 3.34%）。

參、泰國投資的環境分析

　　泰國商業部（2023）的報告，因 COVID-19 疫情改變了消費者的生活習慣，所以，泰國 2022 年的十大朝陽產業含括：電子商務、運輸物流、線上廣告、寵物零售、醫療和草藥加工、化妝品、銀髮產業、紙質

包裝、科技產業和循環技術。近年吸引較多外國投資者和泰國當地企業進入的產業級領域，涵蓋環境、社會、科技和線上支付，以滿足大眾在生活上的需求。分析如下：

一、零售業與便利商店投資環境

國際觀光帶動泰國零售業發展，臺灣外貿協會（2023）分析零售業與便利商店投資環境有幾個面向：1. 泰國零售銷售通路日漸蓬勃，經營模式非常現代化，在曼谷等大城市的都市消費者講求便利、重視產品的品質，因此對於品牌食品或速食產品的需求逐漸增加。所以，有意拓展泰國市場的各國企業，可以關注曼谷以外其他大城市的零售業發展動態；2. 都市年輕消費者的消費需求比較強，也比較容易接受國外文化，願意購買較高價錢的品牌家用品或進口食品等。因此，吸引很多國際連鎖便利商店到泰國拓展市場；3. 泰國零售銷售市場的通路主要由 Central Retail 與 The Mall Group 兩大零售集團掌控。所以，外商消費品製造商及貿易業者有意拓銷泰國者，勢必要把這兩大零售業巨頭旗下的各式零售通路，列為重要的目標對象；4. 東協國家在區域經濟整合下，各國的勞動力、貨品及資本可以自由的流動。所以，對有意願在泰國拓展零售市場的外商來說，可以關注東北部和北部地區所帶動的消費商機。

二、電子商務市場投資環境

泰國消費已進入數位消費的階段，目前電商市場規模位居東南亞第二。泰國社群媒體管理平臺（Hootsuite）和數位行銷公司（We Are Social）針對全球使用網路習慣的分析，泰國的上網人口的比例高達 69.5%；每人每日上網時間比全球總平均高達 2 小時 48 分鐘，當今泰國前五大社群體及使用率，如表 3：

表 3　泰國前五大社群媒體

社群媒體	YouTube	Facebook	Line	Facebook Messenger	Instagram
使用率	94.2%	93.3%	86.2%	77.1%	64.2%

資料來源：貿協全球資訊網，2023 年 6 月 30 日，取自網址：https://www.taitrae-source.com/total01.asp?AreaID=00&CountryID=TH&tItem=w04。

　　泰國的實體零售通路業者經營電商占比目前仍少，但是，近年來，連鎖通路和百貨零售的電商銷售額卻有顯著的增加。貿協資訊網（2023）表示，泰國網購消費者 60% 是使用貨到付款的方式，因此，產生了因應電商需求的新創公司，提供一手包辦的「訂單履約服務」。泰國電子商務對於零售市場的影響愈來愈大，所以，這個商機對有意前往泰國投資的企業仍是不可忽視的。近年來，愈來愈多泰國商人和外資將目光聚焦在電子商務、醫療產品及草藥加工等行業。尤其泰國電商市場蓬勃發展，歸因於泰國目前十大電商平臺的支持和推動，平臺販售商品種類多元、價格實惠。分析如表 4：

表 4　泰國十大電商平臺排名暨特色

排名	平臺名稱	平臺特色與優勢
1	Shopee	最大電商平臺之一，市占率近 1/3。
2	Lazada	最早和最大 B2C 電商平臺之一。
3	JD Central	中國電商巨頭京東集團設立的電商平臺。
4	Shoppa	泰國本土電商平臺之一，市占率排第四。
5	Central Online	最大百貨 Central Group 旗下的電商平臺。
6	JIB	專營本土電子產品，市占率排名第六。
7	Advice	泰國本土家電電商平臺，市占率排第七。
8	HomePro	泰國最大居家建材連鎖店之一，在泰國電商市場有一定的份額。

排名	平臺名稱	平臺特色與優勢
9	ASOS	英國時尚電商巨頭 ASOS 在泰國設立的電商平臺，市占率排名第九。
10	WeMall	泰國本土綜合電商平臺，市場份額排第十。

資料來源：2023 年 4 月 19 日，取自網址：https://www.wpzt.net/24980.html，作者整理。

　　2023 年泰國前十大電商平臺各有其特色與優勢，隨著泰國電商市場迅速的發展，消費者生活型態的改變與需求，這些電商平臺勢必會日漸壯大，外資進入泰國市場也可快速建立電商通路。

三、農業與農產品投資環境

　　泰國擁有得天獨厚的農業資源，為一農業大國，農業產值占 GDP 的比重超過 10%。是世界五大農產品的出口國之一，五大農作物為水稻、橡膠、甘蔗、樹薯、玉米。全國耕地的 52.0% 用來種稻，總農戶的 77.5% 從事水稻生產，所以，水稻成為泰國最重要的農作物。天然橡膠則是泰國第二大農作物，90% 以上橡膠是出口的，其出口量長年來穩居世界第一位；甘蔗也是泰國位居世界前端的主要經濟作物之一。泰國的稻米貿易占全球的 25% 以上，是泰國農產品出口中的重中之重，在世界的市場上長期保持第一位。泰國每年約 80% 的樹薯加工品出口，在世界市場上僅次於巴西，排名第二。可見泰國農業是泰國經濟重要的一部分。2017-2021 年泰國農產品進出口情況如表 5：

表5　2017-2021 年泰國農產品進出口情況

（單位：億美元）

年分	貿易總額	進口額	出口額	貿易順差
2017	446.25	113.81	332.44	218.63
2018	464.64	122.52	342.12	219.60
2019	455.41	117.29	338.12	220.83
2020	455.68	130.36	325.32	194.96
2021	536.01	153.02	382.99	229.97

資料來源：2023 年 1 月 17 日，取自網址：https://cn.agropages.com/News/NewsDe-tail---27528.htm，廖旺。

　　根據中國駐泰國經商處（2023）揭露經貿資訊網站 Kidkaa 分析，2022 年泰國有 5 種商品的出口量位居全球榜首，出口情況如表 6：

表6　2022 年泰國全球市占率第一的五種商品出口量

（單位：億美元）

品項	出口總值	全球占比（%）	同比（%）
1. 榴槤	32.19	93.3	-3.9
2. 樹薯	15.24	46.5	-5.6
3. 保險套	2.72	44.0	0.3
4. 菠蘿罐頭	4.7	36.4	-0.1
5. 鮪魚罐頭	22.8421	24.8	0.2

資料來源：中國駐泰國大使館經濟商務處，2023 年 5 月 10 日，取自網址：http://th.mofcom.gov.cn/article/jmxw/202305/20230503409165.shtml，作者整理。

　　根據泰國商業貿易部貿易政策與戰略辦公室主任普蓬（2023）表示，鮪魚罐頭和保險套與 2021 年相比，在全球市場所占份額有所增長，而樹薯、榴槤和菠蘿罐頭出口量一直位居世界第一。但是競爭對手

也開始與泰國搶占市場，因此泰國企業必須調整貿易策略，盡可能保住原有市場，同時也需要尋找新的市場，以減少原有市場被搶占所帶來的風險。從農業和農產品角度看，外商應該可從投入泰國農產品加工的食品領域，尋求較有利的切入點。

四、聚焦十大重點領域的投資

王立平（2023）表示，泰國為實現社會經濟全方位的發展及增強國家綜合競爭力，政府制定了 20 年的國家長期發展策略，針對十大重點領域提出了一系列鼓勵外商投資的政策，並營造外商投資和合作良好的大環境。這十大重點領域，包含智慧電子、現代化汽車、自動化機器人、數位技術、航空物流、全方位醫療、高端醫療旅遊、生物技術、未來食品、生物燃油；此外，近年泰國食品市場與智慧加工技術結合，發展效益大，且國際觀光也帶動泰國旺盛的食品商機。

五、具吸引力的投資環境

環球印象投資分析事業部（2022）認為，從投資環境吸引力的角度看，泰國有優越的地理位置、工資成本低、市場潛力較大、政策透明度較高、貿易自由化程度較高、社會總體較穩定的競爭優勢，總體的投資環境在東南亞國家當中是比較好的。

第二節　泰國與主要夥伴國的經貿關係與策略

2021 年泰國自全球進口前五大來源國依序為中國、日本、美國、馬來西亞、臺灣，以及韓國排名第 6 位。2022 年則依序為中國、日本、美國、阿聯酋、馬來西亞、臺灣，及韓國排名第 7 位。泰國主要貿易夥伴對泰國的經貿關係、投資及策略，分析如下。

壹、中泰經貿關係、投資與策略

　　中泰兩國向來是深度合作的經貿重要合作夥伴，數據顯示，中國已經連續多年是泰國最大的貿易夥伴，中國目前已是泰國農產品最大的出口市場，也是主要的外資來源國。學者楊保筠（2022）接受《二十一世紀報導》訪問表示，中泰雙邊貿易額的大幅成長，關鍵就在於兩國經濟的互補性，其中農業在中泰雙邊貿易額占很重要的地位。根據中國海關統計數據，泰國有 70% 的熱帶水果、1/3 的橡膠、1/10 的稻米和 98% 以上的樹薯出口到中國。所以中泰雙方只要抓住並落實 RCEP 生效的契機，積極安排和推動關稅及農業產品等方面的制度更完整，必可創造雙方利益的最大化。

一、中泰經貿關係

　　目前中國對東協的投資以泰國為主，尤其是 COVID-19 疫情後，中國投資客紛紛選擇到泰國投資，其主要原因包括：分散風險、地理位置近、文化及飲食可接受、可避免地緣政治衝突和有財務成長機會的國家。數據顯示，中國直接投資泰國占比日益擴大，目前已經高達 30%。王立平（2023）研究認為中泰在「一帶一路」倡議全方位推進下，中企在泰投資的品質是穩步提升，中國的大企業紛紛到泰投資設廠，經濟影響力與日俱增，而中泰彼此的投資合作已經日漸形成多管道、多層次、全方位合作的格局。儘管近幾年在疫情的肆虐下，中企投產下的企業生產和經營仍平穩的進展，兩國經貿發展務實且不斷地深化彼此的互信，已有豐碩的成果。

二、中泰雙邊貿易現況

　　中泰兩國關係密切，雙邊經貿關係主要包括三方面：投資、貿易及旅遊。近年來，兩國貿易商品種類非常多，中國與泰國雙邊貨物進出口

額逐年成長，2019 年泰國對中國貿易占泰國國際貿易總額的 16.5%，而泰國則大約只占中國國際貿易額的 2%。2020 年 986.3 億美元，2021 年泰國愈來愈多的商品輸出中國，雙邊貿易額達到 1,312 億美元，在歷史上雙邊貿易首次突破千億美元，成長了 33%，中國對泰投資連續第 9 年成為泰國第一大貿易夥伴。2022 年中國躍升為泰國最大外資來源國，中國已是泰國最大貿易夥伴和農產品最大出口市場。近年在疫情的肆虐下，中泰雙方經貿的合作仍不斷強勁的成長。

表 7　2019-2022 年中泰雙邊貨物貿易情況

（單位：億美元）

年分	進出口總額	中國進口	中國出口	成長率（%）		
				進出口	進口	出口
2019	917.5	461.6	455.9	4.9	3.4	6.3
2020	986.3	481.0	505.3	7.5	4.2	10.8
2021	1,311.8	618.1	693.7	33	28.4	21.2
2022	1,347	562.2	784.8	3.0	-8.6	37.3

資料來源：中國海關總署、中國駐泰國大使館經濟商務處，2023。

　　學者余海秋（2022）接受《二十一世紀經濟報導》表示，由於 RCEP 的生效，使得區域經濟能夠融合，促使中泰兩國對於汽車零組件、造紙、魚產品等市場更加開放，又泰國對製造業、農業等非服務業給予高品質的承諾，故吸引更多的中國企業到泰國投資。此外，由於中國－東協自貿區於 2010 年建立以來，中泰兩國農業合作在很好制度的保障下，中國對泰國已有 94.5% 的農產品取消關稅，致使中國成為泰國農產品最大出口市場，2021 年泰國農產品對中國出口 119 億美元，成長 52.4%。譚硯文（2023）分析，2022 年泰國新鮮榴槤出口額 32.2 億美元，占全球出口額的 93.3%，主要銷中國、香港和臺灣；樹薯的出

口額為 15.2 億美元，占全球出口額的 46.5%，將近 99% 是銷到中國。泰國商務部貿易政策和策略辦公室曾發出警示，呼籲泰國農產品的出口商不要過度依賴中國市場，應該要注意農產品出口的競爭對手，迅速地調整農產品貿易策略，以鞏固現有的市場，更要積極地開拓新興市場，和提升農產品的附加價值。

三、中泰投資策略

2022 年在中泰投資論壇上，泰國總理帕拉育明白表示，中國的全球發展倡議與泰國的循環經濟、生物經濟和綠色經濟發展的理念是契合的，兩國可以發展策略性的合作。中國商務部也表示，中國可以在四個方面加強與泰國合作：1. 挖掘貿易投資潛力；2. 拓展新興領域合作；3. 提升互聯互通水平；4. 深化區域經濟融合。近年來，中國以電子商務為主要行銷模式在泰國拓銷市場，兩國在長期經濟策略合作夥伴的良好關係下，以經貿投資、電子商務、金融、科技創新領域等 20 多個方面持續擴大雙邊經貿合作。唐藝（2023）集學者之研究指出，中泰兩國是可以優勢互補、互利共創雙贏的，因為中國擁有豐富的技術和產業的優勢；而泰國則擁有獨特的文化資源和豐富的自然資源。在成本和生產要素的不同，以及自然資源的差異下，帶來了價格的差別，這種差異剛好促進了雙方貿易和國際分工，正是能夠持續兩國貿易良好合作發展的基礎。如果中泰雙方將來可以在農業、電商等合作，多管道、多層次，及全方位的發展貿易合作，必定能夠將中泰貿易推向更多元的格局。

四、中泰投資建議

由於中泰兩國商品貿易之間的互補性較強，泰國營商的環境指數較高，所以，泰國對中國的貿易強度愈來愈高，中國對泰國的投資總額不斷的成長。然而，裴瑱和鄭義（2018）認為中國到泰國投資仍存在的

風險有：1. 泰國政權更迭頻繁，政策不具有連續性；2. 中泰關係容易受美泰同盟的影響；3. 全球性恐怖主義蔓延到泰國；4. 地區間及社會階層貧富差距拉大，致使社會動盪。2022 年中泰貿易投資聯合研究成果，提出中國對泰國投資的建議：1. 建立中泰貿易投資合作完善的機制；2. 擴大中國對泰投資合作領域；3. 拓寬中泰工業園區開發合作；4. 加強中泰人力資源開發合作；5. 建立投資泰國訊息的完善服務系統。王立平（2023）認為中企為確保在泰投資成功，企業應該要注意：1. 提高投資風險，深入研判目標市場；2. 提高警覺，安全第一，加強防疫的控管和負起企業社會責任；3. 了解當地的經商慣例和遵守法規；4. 建立企業文化和品牌；5. 參與泰國社會事務，並努力建構和諧及多贏的格局。

李映民（2023）引述開泰研究中心分析，在泰國到寮國鐵路的開通後，提高了運輸效果，也增加更多出口的機會，而原有的食品出口取向仍持續成長，因此，中國市場對泰國來說，應該是 2023 年唯一可能實現出口成長的主要市場。

總而言之，中泰雙邊經貿往來是既合作又競爭，「合作」的占比較高；然而，隨著中泰兩國國內經濟和國際形勢的變化，中泰貿易面臨著如「貿易逆差」、「貿易品種單一」等問題和挑戰，兩國必須明確彼此的目標和合作方向、加強溝通及交流、積極推進政治經濟合作，更需要加強風險應對的能力，及規避貿易摩擦與貿易限制，才能實現互利共贏的經貿發展。

貳、日泰經貿關係、投資與策略

日本與泰國向來是重要的經濟夥伴，日本不斷投資泰國。2022 年日本為保持泰國作為其主要的各類產品的生產基地，雙方同意簽訂協定，希望進一步推動先進技術的發展，以及綠色產業的合作。泰國副總理兼商務部長 Jurin Laksanawisit（2023）接受《每日經濟》訪問時表示，

在泰國經營的日本公司已有 6,000 多家，日本企業在泰國主要的領域是汽車零組件、電子零組件、鋼鐵、商銀和控股公司。日本總投資額爲 277.8 億美元，占泰國外國投資的四分之一，僅次於中國和美國是泰國第三大雙邊貿易夥伴，卻是泰國最大的外國投資者。然而當中國的汽車製造商積極投入泰國之際，對日本在泰國市場的主導地位及供應鏈，造成極大的挑戰。因故，日本豐田、本田和日產汽車製造商積極在泰國打造其汽車工業，以穩定品質、高品牌知名度及提供較其他國家優良的售後服務，力圖確保日本多年來爲泰國最大投資者的地位。

中國駐泰國大使館經濟商務處（2023）統計，2021 年，泰國與日本的貿易總額爲 606.1 億美元，進口額爲 356.1 億美元，出口額爲 250 億美元，貿易逆差爲 106.1 億美元。2022 年，兩國的貿易總額爲 592.5 億美元，進口額爲 345.8 億美元，出口爲 246.7 億美元，貿易逆差爲 99.1 億美元，預計 2023 年至少可以成長 10%，證實日本企業仍然看好泰國市場，並持續投資泰國。雖然，2023 年 1 月的數據顯示，泰國對日本的出口爲負 9.2%，連續數個月下降，其中對銅、化工產品和加工雞肉的影響最大；然而泰國向日本運送貨物的出口商，有 90% 因利用現有貿易協定，如《東協－日本全面經濟夥伴關係協定》（AJCE-PA）、《日泰經濟夥伴關係協定》（JTEPA）及《區域全面經濟夥伴協定》（RCEP）享有的特權優惠，使市場擴大且逐步成長。

近年來日本在泰國清潔能源、電動汽車、人工智慧等高新技術領域的投資不容小覷，無庸置疑爲泰國完善的供應鏈與產業鏈注入很大作用。楊雅婷（2023）引述曼谷日本貿易振興機構，黑田會長調查研究結果，日企在泰國投資最大的問題爲：1. 63% 的企業表示「競爭」是個問題；2. 59% 的企業認爲原物料價格上漲是個問題；3. 45% 的企業擔憂人事成本上漲。因此，日本在泰企業普遍希望，泰國政府可以更積極地推動基礎交通設施建設，同時妥善處理空氣汙染和重視關稅問題。雖然，日商在投資泰國時面對一些問題需要克服，然而，目前日本在泰企

業對於泰國的經濟前景，多數仍抱持樂觀態度。

參、美泰經貿關係、投資與策略

　　美國彭博社（2019）引述美國貿易代表辦公室，以泰國的海鮮和船運行業長期存在工人權益問題，從 2020 年 4 月 25 日開始取消泰國出口到美國海鮮產品、電器產品、成衣、蔬菜、水果等的貿易優惠的資格，泰國因此蒙受損失。這些損失約占美泰雙邊貿易的 10% 左右，泰國是全球第三大的海鮮出口國，對泰國的整體出口總額的影響較小；但是，對美國出口總額的影響較大。數據顯示，2018 年美泰雙邊貿易總額為 445 億美元，其中，美國對泰國的出口金額為 126 億美元，主要對泰出口電機；泰國向美國出口的金額為 319 億美元，主要對美出口電氣機械；2018 年雙邊貿易中，美國的貿易逆差達 193 億美元。暹羅飛鳥引用泰國商會大學國際貿易研究中心主任 Aat Pisanwanich 副教授（2022）表示，美國為第二大的貿易夥伴和重要出口市場，貿易總額為 571.6 億美元，同比成長 32.18%，泰國對美國進口額為 159.7 億美元，成長 43.71%，出口額為 409.15 億美元，成長 28.18%，泰國因此實現了 252.11 億美元的順差；其中食品成長最多，其他商品還有橡膠製品、電腦設備和零組件、傳真機、家用電器和設備及珠寶首飾等。

　　李映民（2023）引述開泰研究中心分析，認為 2023 年下半年泰國全球貿易額將會受美國、歐元區、東協、中國等市場的影響。美國由於 2022 年以來持續緊縮的貨幣政策，導致經濟趨緩，比較新冠疫情期間的消費和經濟上的需求是呈現下降趨勢，尤其是對電子產品的需求削弱不少。美國駐泰國大使葛德克接受呂欣憶（2023）採訪時明確表示，美國是泰國在北美主要的出口市場，兩國的經濟貿易投資關係非常強勁，加強美泰貿易關係對雙邊人民都有利，兩國不一定要是競爭關係，而是要能共享貿易帶來的繁榮。未來美國與泰國在農業、製造業和數位產業

等，應該會有很多合作機會。

肆、臺泰經貿關係、投資與策略

　　泰國對於臺灣企業而言擁有多樣的優勢，而泰國「4.0 計畫」的方向在強化投資智慧文創設計等產業，這與臺灣努力從精緻代工產業轉型的目標吻合，因此，泰國早已是臺商熱門投資據點之一。

一、臺泰經貿關係

　　江文基（2021）指出，臺商在泰投資對泰國經濟主要的貢獻包括：1. 推動技職教育、培育產學合作人才，協助提升泰國人力資源的素質；2. 促進其製造業出口、協助產業在地供應鏈成型、驅動泰國產業轉型升級，並創造大量就業機會；3. 臺商投資有助於產業轉型升級、人力資本的提升及推動泰國經濟發展；4. 引進優良的臺灣技術，進入新創產業服務，符合泰國數位創新政策的目標。

二、臺泰雙邊貿易

　　江文基（2021）分析指出，2020 年泰國為臺灣第十三大貿易夥伴，占臺灣總貿易額 1.56%；第十三大進口國，占臺灣總進口額 1.59%；臺灣第十二大出口國，占臺灣總出口額 1.53%。2018-2022 年臺泰雙邊貿易情況如表 8：

表8　2018-2022年臺泰雙邊貨物進出口額

（單位：億美元）

年分	進出口總額	進口	出口	貿易差額	成長率（%）		
					進出口	進口	出口
2018	107.5	45.8	61.7	15.9	0.1	5.1	-3.35
2019	97.7	42.5	55.2	12.7	-9.1	-7.2	-10.5
2020	98.3	45.4	52.9	7.5	0.6	6.8	-4.1
2021	129.9	59.6	70.2	10.6	32.1	31.2	32.8
2022	138.3	62.9	75.4	12.5	6.5	5.5	7.4

資料來源：國際貿易署（TITA），2023年3月2日，取自網址：https://www.trade. gov.tw/Files/PageFile/734605/734605ahjpn20230303135313.pdf。

　　綜觀臺泰雙邊進出口貿易仍穩定維持，其重要關鍵應該是臺泰雙邊政策之推動與互補。

三、臺泰投資策略

　　葉長城、林俊甫（2018）分析，臺商投資泰國分為四個階段：1.具技術背景的石化業；2.勞力密集產業為主；3.資通訊產業、汽車零組件、食品業及金屬加工等產業；4.服務業、新興產業與創新應用服務等領域。迄今，臺商在泰的投資布局已漸趨多元。學者建議，臺灣要與泰國建立全方位關係，可從政府政策、市場政策、產業與企業政策等面向，克服經貿投資之挑戰，加強臺泰合作與增進實質關係。臺泰雙方將來可在投資與經貿、農業高值化與生技應用、中小企業、資通訊技術、人才資源與培訓、創新創業與循環經濟產業等領域加強合作。黃偉宙（2019）分析，目前臺灣的產業在技術比泰國相對成熟，泰國消費者更視臺灣的品牌為國際精品級，可見臺灣的品牌或企業技術在泰國市場已跳脫價格的「成本導向」，而是採取品牌期望的「定價策略」，所以，

「產業生命週期模型」應該是比較適合臺灣在泰國的經營策略。同時，泰國擁有低廉的勞動力，再加上繁複的設計工法，使得中國工廠不願意承做泰國的商品，在泰國之臺灣廠商正好可藉此優勢將商品銷售至中國、日本、韓國及歐美等國家，反之也可以將臺灣的精緻品牌商品銷入泰國，所以，泰國可謂爲擁有「雙向貿易優勢區塊鏈」的國家。

四、臺泰投資建議

康樹德（2019）認爲臺灣企業應先對泰國目標市場有足夠的掌握，並了解當地經濟政策、基礎設施、產業型態、人才素質、成長潛力和發展趨勢等，必須考慮用何種策略和方法進入市場，不能單純以成本或獲利來考量，審愼評估投資的風險，方可找到眞正適合且較能永續的投資機會。江文基（2021）認爲近 10 年臺商對泰國投資主要聚焦在：1. 電子零組件製造業；2. 電力設備及配備製造業；3. 金融控股與保險業。值此臺灣推動產業創新和新南向政策，臺灣企業赴泰國合作投資必須呼應「泰國 4.0」政策規劃發展的產業方爲上策。

伍、韓泰經貿關係、投資與策略

當《東協－韓國自由貿易協定》生效後，顧時宏（2009）表示，這將爲泰國的出口與投資帶來可觀的效益。泰國出口商可從產品「產地法」中享受貿易上的優惠待遇，在貿易上更加靈活，並享有東協與韓國自由貿易協定的「關稅優惠待遇」，大幅增加泰國對韓國出口產品的空間。韓國在自由貿易協定下，對泰國等東協國家的投資者進一步開放服務業等領域，而韓國也將泰國作爲產品的生產基地，以向他國出口的投資中獲取利益。至 2021 年韓國取消泰國商品的進口稅，占韓國自泰國進口全部商品的 90.7%，比較《東協－韓國自由貿易協定》增加 413 項商品。2022 年，韓泰之間的貿易額達到 165 億美元，成長了 4.5%。預

測 2023 年雙邊貿易也將呈現積極成長的趨勢。

陸、馬泰經貿、投資與策略

目前泰國是東協第二大貿易夥伴、馬來西亞全球第六大貿易夥伴，而馬來西亞則為泰國全球第四大貿易夥伴。臺灣經濟部國際貿易局（2022）統計，2021 年馬來西亞與泰國雙邊貿易額達 233.26 億美元，較 2020 年的 189.6 億美元成長 23%。2022 年兩國首相重申在印尼－馬來西亞－泰國成長三角經濟區（IMT-GT）架構下將加強馬來西亞－泰國合作的承諾，其中包含：工業、旅遊業、農業和農基工業、實體銜接項目的實施、清真產品和服務的互惠互利，以實現 IMT-GT 2036 年的願景。雙方同意在投資方面，馬國投資人可參與泰國的電動、智慧汽車、自動化、機器人技術、生物、循環及綠色（Bio-Circular-Green，簡稱 BCG）經濟模式與疫苗研發等新領域。而泰國投資人可投資馬來西亞數位經濟、綠色經濟和循環經濟等領域。

駐馬臺北經濟文化辦事處經濟組（2022）引述馬來西亞旅遊局與移民局資料顯示，泰國入境馬來西亞的旅客，2019 年達 1,884,306 人，後因新冠疫情的影響，2020 年減至 394,413 人；2021 年僅剩 59,607 人。馬來西亞與泰國齊力加強雙邊貿易、投資與旅遊合作，希望促進兩國經濟在新冠疫情後能快速復甦。2021 年馬泰雙邊貿易額為 235 億美元，自 2017 年至 2021 年，泰國企業在馬國的投資額為 5.25 億美元，而馬國企業在泰國的投資額則為 11.8 億美元。至 2022 年馬國已有 1,000 家來自銀行、航太、製造業及其他服務業等產業的企業在泰國營運。越通社（2023）報導指出，馬泰兩國首相在雙邊會談中同意，在經濟方面：1. 加強雙方的貿易和投資合作關係；2. 2025 年雙邊貿易額可提升到 300 億美元的目標；3. 加速建立泰馬邊境的特別經濟區，促進長期投資；4. 加強橡膠、清真食品等產業和中小企業的供應鏈；5. 加強教育、創新

和科技研究領域的合作；6. 加強數位經濟和綠色技術領域的合作。同時馬來西亞數位經濟機構（MDEC）與泰國數位經濟促進局（DEPA）簽署了解備忘錄（MOU），馬來西亞希望藉此合作，在對外貿易的發展上，成功進入泰國市場，並創造更多成功的馬來西亞品牌。

柒、阿泰經貿、投資與策略

自 2023 年泰國內閣會議批准泰國和阿聯酋之間的自由貿易協議，轉售商品可以享受零關稅，泰國因而在投資、貿易及出口創造很大的利益，也使得阿聯酋成為泰國通往中東的門戶。又預料《泰國－阿聯酋全面經濟夥伴關係協定》於 2024 年中生效後，將可為雙方創造新的貿易、投資和服務的機遇，並就旅遊、食品安全、金融服務、物流、資訊科技等領域的合作更加開放。

表9　近年來泰國對阿聯酋主要進出口商品

泰國自阿聯酋進口商品	泰國對阿聯酋出口商品
原油、石油、天然氣、鋁、金和塑膠顆粒等。	汽車及其配件、空調、寶石、珠寶、智慧型手機、纖維板、輪胎、摩托車、鮪魚罐頭、稻米等。

資料來源：泰國世界日報，2023 年 3 月 1 日，取自網址：http://th.mofcom.gov.cn/article/jmxw/202303/20230303394929.shtml。

2023 年阿聯酋和泰國之間第一個聯合商業委員會啓動後，雙方致力於擴大經濟和貿易合作，建立可持續的合作夥伴關係。阿聯酋在 2022 年因此成為阿拉伯國家中最大的貿易夥伴，居全球第 13 名，同時成為泰國的主要貿易夥伴。非石油雙邊貿易總額達 61 億美元，相較 2021 年大幅增加了 21%，所以，2022 年阿泰兩國貿易額達 210.59 億美元，在中東國家中阿聯酋與泰國的貿易額排名第一，阿聯酋更竄升為泰國的主要貿易國的第 3 名。

第三節　泰國國際貿易的發展與前景

黃偉宙（2019）分析，由於泰國在東協國家中擁有交通樞紐地理條件的優勢、勞動和土地成本較低，近年來人民所得提升，對精緻產品的需求也逐漸提高，同時，泰國與許多區域經濟體簽署自由貿易協定，因而促使如日本及歐美等先進國家都選擇泰國作爲重要的生產基地及銷售市場。

壹、泰國國際貿易的發展

高君逸（2018）指出，泰國「4.0 政策」是以「數位經濟」取代「傳統製造加工」，希望發揮具有創新性的技術應用能力，以「智慧型的農業」取代「傳統農業種植模式」；以「智慧型的中小企業」取代「傳統的中小企業」；以「具高附加價值的服務業」取代「傳統的服務業」，包含五項新興產業和五項轉型產業，藉此以帶動泰國的經濟成長。黃偉宙（2019）研究認爲，泰國軍政府於 2016 年推動泰國 4.0 計畫，希望在 20 年內完成，主要四大項目爲「新創企業、智慧農業、智慧中小企業、高附加價值服務業」，力求培育高素質的技術人才，以脫離品牌代工，重視科學技術和創新研究設計教育等項目，以強化經濟。而泰國政府提出「願景 2020」方案，列爲國家長期發展之戰略目標，擬改變以往以密集低廉的勞動力吸引外資的經濟成長路線，爲食品、醫療器材、機械、汽車、旅遊、紡織及橡膠等產業提供潛在龐大商機，對有意進軍泰國市場的投資人，是一大利多。

江文基（2021）指出：從總體經商環境來看，泰國擁有良好的地理位置，具備完善的交通網絡，及中長期可望恢復經濟成長動能，並鄰近中國與東協 CLMV 等優勢。此外，近年來泰國政府持續改善經商環境、對外積極建立貿易協定網絡，成爲外商在亞太地區投資的重要

目標,也突顯泰國在亞太之重要性。貿協(2023)分析泰國的發展與前景,認為未來幾年,泰國主要經濟成長的兩個主要支柱,一為觀光,二為工業製造與先進科技,將由泰國「4.0 政策」主導,以提供補助、透過減稅等方式,廣招各個領先企業投資於泰國指定的十大產業,分別為科技增值以及新興產業的兩類。如表 10:

表 10　泰國指定的十大產業

產業分類	產業項目
科技增值	自動汽車、智慧電子、高端觀光醫療、高產值農業、生技結合食品加工。
新興產業	機械與自動化、航太科技、生質能源和生物化學、數位化服務、醫療與健康。

資料來源:貿協全球資訊網,2022 年,https://www.taitraesource.com/total01.asp?AreaID=00&CountryID=TH&tItem=w04。

王立平(2023)指出,泰國政府明定了 20 年國家長期發展策略,聚焦十大重點領域,並提出一系列鼓勵政策,為外商在泰國合作和投資營造更好的環境,進而幫助泰國邁向工業 4.0 的目標,實現社會經濟全方位的發展,增強泰國的整體國力。

貳、泰國投資關係之挑戰

高君逸(2018)分析,泰國近年產業缺工嚴重,勞工密集的產業因而逐漸失去了競爭力,而技術和資金密集的產業發展亦不足,經濟動能微弱。所以,泰國政府面臨的重要課題就是,要如何重拾經濟成長的動能、克服產業轉型、並且解決勞動力不足,提升產業的高值化。葉長城、林俊甫(2018)研究認為在泰投資關係之挑戰,除了勞工技術不足、勞工短缺、工資成本上漲外,農漁牧礦和服務業種種投資限制,及政爭的風險,確實也會影響外商投資泰國的意願。黃偉宙(2019)則認

為泰國和許多國家一樣，進入老年化社會，年輕勞動人力不足，生產技術處於代工狀態，金融系統和新數位經濟零售模式尚難與國際整合。泰國和多數東協國家均處於水患和乾旱的災害下，政府人力資源和預算又不足，使得水患和乾旱的相關問題遲遲未能在短期獲得改善，往後可能也會成為拖累泰國經濟發展的因素之一，也是外資在泰國投資如農業等受氣候影響產業的不利因素。

IMF（2023）的數據顯示，2022 年泰國經濟的增長率低於東協的平均水平，僅 3.3%，排名下降至第 8 位，泰國的經濟成長率僅高於兩個國家，即寮國和緬甸。在寮國經濟將恢復高速成長時，泰國恐被迎頭追上。根據國際貨幣基金組織（IMF）2023 年 4 月的預測報告，發現 2023 年泰國的經濟成長率可望達到 4.3%，在東協國家中的排名應可上升，泰國自 2017 年來，從未達到這樣的經濟成長水平。但是 2024-2037 年，泰國經濟又將逐漸下滑，從 2024 年到 2037 年，可能從 3.8% 萎縮到 3.1%。可見泰國經濟發展並未取得應有的效果。

參、赴泰國投資風險評估

康樹德（2019）分析從泰國的經濟現況與前景來看，開放的政策和區域經濟的合作是必然的趨勢，也可從中發掘更多新的商業機會。所以，泰國利用經濟特區模式，在農產加工、物流、勞力密集型製造業等領域，與鄰國開發邊境貿易能吸引周邊投資。相反，企業在評估海外投資時，也必須考量區域內的合作情況和關係，才能找出最佳的投資機會。任鴻斌等（2023）引用 2022 年世界經濟論壇全球風險報告中指出，目前泰國面臨的風險主要在五個方面：1. 大型經濟體債務危機；2. 環境破壞；3. 經濟長期停滯；4. 數字不平等；5. 就業和生計危機。

結論

　　從投資環境吸引力的角度來看，學者（2023）提出，泰國仍有六方面的競爭優勢：1. 社會總體較穩定，對外資較友善；2. 經濟成長前景良好；3. 市場潛力較大；4. 地理位置優越，位處東南亞地理中心；5. 工資成本低於發達國家；6. 政策透明度較高，貿易自由化程度較高。未來幾年對泰國出口而言，取決於全球各市場，這會是一大挑戰。但是，儘管2019年泰國工業園區外資投資減少23%，這是在全球經濟緩慢與中美貿易戰影響的大背景下取得的可觀成績。由於新冠疫情後，投資者信心增強、優越的地理位置和物流連通性、EEC經濟特區的基礎設施支持經濟成長、稅收優惠和激勵投資等因素提供了強有力的支持，勢必繼續吸引大量投資者在泰國投資。

參考文獻

1. 王立平，2023，《對外投資合作國別（地區）指南泰國（2022年版）》，中國駐泰國大使館經濟商務處商務司。

2. 任鴻斌等，2023，《企業對外投資國別（地區）營商環境指南──泰國（2022）》，中國國際貿易促進委員會。

3. 中國商務部，〈泰國2022年貿易統計數據出爐　出口同比增長5.5%〉。2023年2月1日，取自網址：http://big5.mofcom.gov.cn/gate/big5/www.mofcom.gov.cn/article/tongjiziliao/fuwzn/ckqi-ta/202302/20230203381984.shtml。

4. 臺灣經濟部國際貿易局，〈11208泰國出進口統計總表〉。2023年10月20日，取自網址：https://www.trade.gov.tw/Pages/Detail.aspx?nodeID=1376&pid=516593&dl_DateRange=all&txt_SD=&txt_ED=&txt_Keyword=&pageindex=2&history=。

5. 人民日報，〈降低關稅擴大市場促進融合RCEP為區域經濟發展注入新動能〉。2023年2月5日，取自網址：https://m.163.com/news/article/HSQ7R1D0000189FH.html。

6. 貿協全球資訊網，〈泰國市場環境分析〉。2023年6月30日，取自網址：https://www.taitraesource.com/total01.asp?AreaID=00&CountryID=TH&tItem=w04。

7. WPZT，〈泰國十大電商平臺〉。2023年4月19日，取自網址：https://www.wpzt.net/24980.html。

8. 廖旺，〈萬佛之國——泰國農業概覽（2022泰國農業及主要農化企業分析）〉。2023年1月17日，取自網址：https://cn.agropages.com/News/NewsDetail---27528.htm。

9. 中國駐泰國大使館經濟商務處，〈2022年泰國5種商品出口量位居全球市場榜首〉。2023年5月10日，取自網址：http://th.mofcom.gov.cn/article/jmxw/202305/20230503409165.shtml。

10. 環球印象投資分析泰國事業部，〈2022年泰國投資環境阻礙因素和等級評分分析〉。2022年1月6日，取自網址：http://www.zcqtz.com/news/278386.html。

11. 國際貿易署（TITA），〈泰國（Thailand）經貿檔〉。2023年3月2日，取自網址：https://www.trade.gov.tw/Files/PageFile/734605/734605ahjpn20230303135313.pdf。

12. 胡慧茵，〈雙邊貿易額首破千億美元　中泰打造數字經濟等合作新亮點〉，中國貿促會駐泰國代表處發布，二十一世紀經濟報導。2022年11月23日，取自網址：https://c.m.163.com/news/a/HMS2H-VFK05199NPP.html。

13. 譚硯文，〈泰國對農產品出口商過度依賴中國市場發出警示〉，中國農業貿易促進中心。2023年4月19日，取自網址：http://www.mczx.agri.cn/myyj_1/gjny/202305/t20230512_7982898.htm。

14. 中國駐泰國使館經濟商務處，〈中泰投資論壇在曼谷成功〉。2022年11月4日，取自網址：http://big5.news.cn/gate/big5/www.news.cn/world/2022-11/04/c_1129100838.htm。

15. 唐藝，〈優勢互補，中泰貿易合作火力持續發展〉，東博社。2023年6月15日，取自網址：https://baijiahao.baidu.com/s?id=1768764363473698029&wfr=spider&for=pc。

16. 裴瑱、鄭義，2018，〈泰國經貿環境及中泰貿易關係分析〉，《中國「一帶一路」投資安全藍皮書》，頁155-168，社會科學文獻出版社。

17. 李映民，〈泰國進出口總額同比縮減，出現貿易逆差〉。2023年8月12日，取自網址：https://business.sohu.com/a/711161429_121124400。

18. 每日經濟，〈日本仍然是泰國第三大雙邊貿易夥伴，僅次於中國和美國〉。2023年3月21日，取自網址：https://cn.dailyeconomic.com/2023/03/21/43892.html。

19. 楊雅婷，〈日本企業對泰國經濟前景充滿信心　空汙、基礎建設有待解決〉。2023年6月30日，取自網址：https://www.nownews.com/news/6184284。

20. 彭博社，〈美國為什麼要制裁盟友泰國？〉。2019年10月29日，取自網址：https://baijiahao.baidu.com/s?id=1648740043089218018&wfr=spider&for=pc。

21. 暹羅飛鳥編輯部，〈中國成為2022年度泰國投資的最大來源國〉。2023年1月17日，取自網址：https://baijiahao.baidu.com/s?id=1755203648377575669&wfr=spider&for=pc。

22. 呂欣憓，〈美國駐泰大使：美中泰可共享貿易帶來繁榮〉。2023年6月27日，取自網址：https://www.cna.com.tw/news/aopl/202306270206.aspx。

23. 葉長城、林俊甫，2018，〈泰國經濟轉型及臺—泰經貿關係之機會與挑戰〉，《經濟前瞻》，March 2018，頁36-42。

24. 黃偉宙，2019，〈新南向策略 泰國雙向貿易區塊鏈經營優勢〉，《理財周刊》，第969期，頁86-87。

25. 魏茂國、康樹德，〈由泰國經濟發展策略 展望新南向商機〉。取自網址：https://www.ieatpe.org.tw/magazine/ebook341/storypage01.html。

26. 江文基，2021，〈從泰國總體經商環境研析赴泰國投資臺商之機會及挑戰〉，財團法人中華經濟研究院。

27. 顧時宏，〈東盟——韓國自由貿易協定對泰國有何投資機遇？〉。2009年2月18日，取自網址：https://www.chinanews.com/cj/gjcj/news/2009/02-18/1567385.shtml。

28. 越通社，〈馬來西亞與泰國進一步加強貿易合作關係〉。2023年2月8日，取自網址：https://link.gov.vn/Ba5R4yyh。

29. 泰國世界日報，〈內閣批准泰國—阿聯酋自貿協議〉。2023年3月7日，取自網址：http://th.mofcom.gov.cn/article/jmxw/202303/20230303394929.shtml。

30. 高君逸，2018，〈泰國如何走向產業轉型之路〉，《經濟前瞻》，頁104-110。

31. 貿協全球資訊網，〈泰國市場環境分析〉。2022年9月29日，取自網址：https://www.taitraesource.com/total01.asp?AreaID=00&CountryID=TH&tItem=w04。

32. 知乎編輯學者，〈市場開發——泰國對外進出口情況及產品分析〉。2022年9月2日，取自網址：https://zhuanlan.zhihu.com/p/178560627。

Chapter *5*

泰國經濟發展與農業新趨勢

張李曉娟[*]

* 日本廣島大學法律學博士，現任環球科技大學公共事務管理研究所副教授兼所長。

泰國曼谷金碧輝煌的大皇宮、玉佛寺及芭達雅四方水上市場（Pattaya Floating Market）都獨具特色，而夜市攤販的綠咖哩、芒果糯米飯、青木瓜沙拉、泰式煎餅等在地美食，霓虹照射下令人垂涎欲滴。泰國觀光業占國內生產毛額 GDP 的 12%，COVID-19 疫情爆發前，每年觀光客 4,000 萬；疫情期間，邊境封鎖流失近 95%。2021 年 3 月，泰國啓動「沙盒計畫」，開放接種疫苗的外國旅客入境免隔離，同年 11 月，爲振興旅遊業，開放 63 國完整施打疫苗的外國旅客入境；2022 年 10 月 1 日起，泰國全面解封，入境旅客免疫苗和 PCR 證明，機場恢復擁擠的日常。蘇凡納布機場（Suvarnabhumi Airport）更祭出傳統舞蹈歡迎儀式，迎接第 1,000 萬名旅客入境泰國。泰國總理帕拉育（Prayut Chan-o-cha）也親自到場，見證泰國在疫情之後，觀光回流的歷史時刻（公視新聞網，2022）。

泰國經濟在疫情期間表現平淡，遠不如越南、馬來西亞及新加坡等鄰國；2023 年 5 月 14 日第二次舉行國會選舉，反對派獲得壓倒性的勝利，「爲泰黨」拿下 141 席，激進改革色彩濃厚的「前進黨」拿下 151 席，兩大反對黨取得近六成的席次，準備聯合其他政黨組閣。現任總理帕拉育警告，反對黨勝出將使泰國陷入「衝突的黑洞」。究竟泰國經濟是否能逐步復甦，並保有穩定的發展，值得進一步探討。本文擬針對泰國經濟概況、農業人力資源，加以介紹。以下簡單分爲三節，第一節泰國經濟概況，第二節泰國農業新趨勢，第三節泰國未來經濟展望。

第一節　泰國經濟概況

壹、泰國經濟概況

泰國舊稱暹羅（Siam），爲君主立憲制國家，位居中南半島中部，東鄰寮國、柬埔寨，南面暹羅灣和馬來西亞，西接緬甸和安達曼海，國

土面積 51.31 萬平方公里，地形上寬下窄，中部爲平原，西北、南部、東北爲高山或高原，人口約 6,600 萬，首都及最大城市爲曼谷，人民多信奉佛教。泰國擁有廣大森林與豐富礦產，農產品爲主要出口品項，例如稻米、油棕、樹薯、橡膠、蔗糖，尤其是稻米，爲全球重要出口國之一。

與其他東南亞國家不同的是，泰國從未被西方列強殖民過，始終維持其獨立狀態。即便如此，泰國境內軍事政變頻發，以 2014 年軍方政變爲例，接管盈拉‧欽那瓦（Yingluck Shinawatra）政權，發布戒嚴令並廢止憲法；陸軍總司令帕拉育在泰王拉瑪九世蒲美蓬支持下就任首相，2017 年頒布新憲法。2020 年爆發民眾大規模示威，抗議帕拉育政權並要求王室改革。（遠藤誠，2021）

根據經濟合作暨發展組織（OECD）觀察，早在 1997 年亞洲金融危機爆發前，泰國經濟呈現高度成長，每年 GDP 成長率都在 8% 左右；金融危機後，成長速度減緩，過去數十年來政府頻繁更迭，經濟成長趨緩（OECD, 2021）。近年 GDP 成長率，從 2012 年 7.2% 抵達高點後，逐年遞減，2014 年更因國內政變降到 1.0%，2017-2018 年緩步回穩至 4.2%，2020 年在疫情衝擊下探至 -6.2%，2021 年回升到 1.5%。在這樣的政經環境下，國民平均收入微增。根據世界銀行（WB）設定的標準，中低收入國家人均 GDP 在 1,036-4,045 美元間，中等收入國家 4,046-12,535 美元，而高收入國家在 12,536 美元以上。泰國 2010 年代正式邁入中等收入國家行列。詳細請參考表 1（ASEAN, 2022）。

表 1 2012-2021 年泰國經濟概況

年度	GDP（%）	國內生產總值（百萬美元）	人均收入（美元）
2012	7.2%	397,764	5,982
2013	2.7%	420,616	6,300
2014	1.0%	407,303	6,078

年度	GDP（%）	國內生產總值（百萬美元）	人均收入（美元）
2015	3.1%	401,269	5,968
2016	3.4%	413,324	6,127
2017	4.2%	456,354	6,745
2018	4.2%	506,614	7,468
2019	2.2%	544,039	8,001
2020	-6.2%	499,581	7,333
2021	1.5%	505,890	7,654

資料來源：ASEAN（2022），本研究整理。

　　根據學者分析，1960年泰國全國80%以上的人口從事農業，農產品占國內生產總值的36.7%，而當時GDP規模按當前價格計算僅200億美元；因此，在1961年第一個國家經濟發展計畫啟動之前，泰國實際上是一個農業社會。泰國在60年代初採取進口替代戰略，開始推動工業化，70年代初期曾試圖轉向出口導向型戰略，但沒有成功。80年代《廣場協議》（Plaza Accord）後，以日本為首的亞洲新興工業國家決定產業外移，擁有豐富自然資源、廉價勞動力與低通膨的泰國，成為一個具有吸引力的選項。1981年和1984年泰國政府操作泰銖貶值，使出口導向型戰略成為可能。（Siriprachai, 1998）

　　即便朝向工業化發展，1984年的泰國在很大程度上仍是一個農業國家，農業工作是70%以上人口的主要收入來源。（Siamwalla, 1989）OECD也認為，2021年泰國仍有三分之一的人參與農業，農業雖然是收入最低的部門，就糧食安全來說，確保農業人口及其功能，對泰國經濟來說非常重要（OECD, 2021）。根據東南亞國協（ASEAN）發表的資料顯示，泰國農業在GDP的占比維持在10%左右。（請參考表2）

表 2　ASEAN 2019-2021 年泰國三級產業 GDP 之占比（百分比）

年分	第一級	第二級	第三級
2019	10.6	31.2	58.3
2020	10.8	31.2	58.1
2021	10.7	32.6	56.7

註：主要經濟部門：第一級產業：包括農業、採礦業和採石業。第二級產業：製造業、建築業和公用事業（電力、燃氣和供水）。第三級產業：批發與零售業、運輸與倉儲業、住宿與餐飲服務業、信息與通訊業、金融與保險業、商業服務業、及其他服務業。在一些東協國家，第一、第二和第三級產業的 GDP 總和可能不等於 100%，主要是由於與 GDP 相關的平衡項目與其他產業分開處理。GDP 包括稅收、特定產品和服務的補貼（ASEAN, 2022）。

貳、泰國經濟政策

　　泰國從 1961 年開始推動國家經濟發展計畫，五年為一期。2016 年帕拉育首相加碼發表「泰國 4.0」新經濟政策，也就是 2017-2036 年 20 年長期國家戰略。所謂「泰國 4.0」，就是採取創新主導型的經濟成長路線，以數位經濟發展與新世代產業為兩大主軸。他們將泰國經濟發展歷程粗略定位如下：農業立國的時期為「泰國 1.0」，發展輕工業、低薪勞動的時期為「泰國 2.0」，注重重工業、出口導向、吸引海外投資的時期為「泰國 3.0」。（BOI, 2016）

　　「泰國 4.0」其中最重要的就是「東部經濟走廊」（Eastern Economic Corridor, EEC）計畫案，指定北柳府（Chachoengsao）、春武里府（Chonburi）到羅勇府（Rayong）產業群聚走廊，三府設立「經濟特區」，占地約 13,258 平方公里；目標是在 2036 年以前將泰國打造為以高科技、高附加價值、高創造力為主的三高國家，泰國人均所得達到 15,000 美元，2020 年前創造 10 萬個工作機會；進而擺脫中等收入陷阱（middle-income trap），平衡國內貧富差距與城鄉發展，期望 2029 年泰國從中等收入國家邁入已開發國家行列，進而鞏固泰國在東南亞的地

位。（岡本泰，2019）

日本日立呼應「泰國 4.0」新經濟政策，2018 年 9 月在春武里府工業區建立盧馬達中心（Lumada Center），投資超過 5,000 萬泰銖。這個平臺可以利用數據分析、人工智慧（AI）等數位技術和通信技術（ICT），協助泰國工廠提高生產力。臺灣昱晶（現在的聯合再生能源）也在離曼谷市區北方 60 公里處的那瓦那空（Nava Nakorn）工業區設立太陽能廠房，是臺灣第一家獲准於泰國投資的太陽能廠商。（《遠見》，2017）

相對的，有學者表達其憂心，認為「泰國 4.0」的政策覆蓋面過於廣泛，許多沒有明列優先順序，更缺乏有效的評估機制。這些政策很大程度上取決於政府機構的偏好，忽略重大項目，卻挑選較容易達成的目標，例如培訓之類的項目來執行。（Archanun Kohpaiboon, 2020）

參、泰王「自足經濟」哲學

1974 年泰王拉瑪九世蒲美蓬提倡「自足經濟（sufficiency economy）」哲學，建立在「節制」、「合理」與「韌性」的三個概念上。他認為大家必須共同攜手推動「自足經濟」，並不是說家家戶戶必須自己種糧食吃、自己織布穿。但要強調的是，每一鄉鎮、社區都需有相對自足的經濟，若有剩餘再外銷，且應儘量賣到鄰近的區域，才能節省運輸成本。

他舉泰國香米為例，鼓勵民眾適量生產，夠吃就好，當每戶農家庫藏飽滿，有剩餘的再考慮外賣。因為一旦稻米要外銷，商人非得有錢賺，當運輸處理成本增加，會排擠到生產端農民的收益。經濟學者們說香米經濟價值高，但那是要運到遙遠的外國去賣才有這個價值。生產端的農民不僅無利可圖，更需花錢買外面更貴的米來吃。這就是「交易經濟」與「自足經濟」兩種相對的概念。（《天下雜誌》，2011）

　　上述泰王的「自足經濟」哲學，泰國政府順勢採納，導入國家經濟發展計畫中，從第八次國家經濟發展計畫（1998-2002）開始，成為基本核心概念。2006 年，泰王榮獲聯合國頒發「人類發展終身成就獎」，因為這樣思想引領政府與人民走向中間道路，而後影響經濟家衍生出「新理論農業」（New Theory Agriculture，簡稱 NTA）。

　　所謂的 NTA，主張每戶 4 到 5 人家庭制訂出土地使用原則，配置種米、居住、儲存與涵養地力的空間，藉此達成家庭自立與自給自足。NTA 的目標有三階段，第一階段希望每家農戶可得到溫飽，並有適當收入，第二階段則推及社區，共享外溢資源，例如建立社區企業、社區健康中心等；第三階段則期望擴大規模與企業、銀行合作籌募資金，開拓產地直銷管道，建立社區的碾米廠或合作社。（Piboolsravut, 2004）

　　泰國佛統府桑普蘭縣的桑普蘭河濱旅館（Sampran Riverside），就是一個典型的實踐範例。這間兼顧環保與文化景點的渡假旅館，業者強調平衡和節制，推廣有機農業，結合農民從事有機農業並爭取企業或政府提供資金、與大學產學合作，造福消費者，以行善積德，實踐泰王的「自足經濟」哲學。（井上莊太郎，2017）

第二節　泰國農業新趨勢

壹、泰國總人口與勞動人口概況

　　根據泰國國家統計局（National Statistical Office of Thailand，NSO）統計，2022 年人口總數為 66,090,475 人，按年齡區分，15 歲以下 10,606,364 人（16.05%）、15-59 歲 42,785,749 人（64.74%）、60 歲以上 12,698,329 人（19.21%）。男性 32,270,615 人，占 48%；女性 33,818,860 人，占 51%。2012 年總數為 64,456,695 人，增加 1,633,780 人，增長率約 2%。從地區來看，東北部人口最多，其次是中部、北

部、南部。（NSO, 2023）迥異於 NSO 的資料，東南亞國協（ASEAN）以年中人口計算泰國人口總數，結果稍有落差。2012 年 66,491,700 人、2021 年 65,213,000 人；就人口成長率來看，明顯降低，從 2012 年 0.4%，2021 年降至 -0.3%。（ASEAN, 2022）

在就業方面，依據世界貨幣組織（IMF）統計資料，2019 年泰國 15 歲以上勞動年齡人口約為 5,700 萬，其中 3,798 萬（67%）參與勞動力市場，其他 1,859 萬（33%）則因為就學、家管、退休等原因離開勞動市場。勞動人口 3,761 萬（99%）就業中，1,414 萬（36%）為私部門僱用勞工，1,180 萬（31%）則是自營業者；僅有 37 萬（1%）失業者處於待業狀態。（請參考圖 1）此外，2010 年代以前勞動力參與率相當穩定，略高於 70%；2012 年至 2019 年間超過 120 萬人離退，勞動力參與率下降近 5%（IMF，2022）。特別是在疫情期間失業人數急增，2021 年倍增至 74.8 萬人，2022 年開始降低為 52.7 萬人，2023 年第一季 42.1 萬人，請參考表 3。（NSO, 2023）

表 3　泰國主要經濟指標（2021-2023）

（單位：百萬泰銖）

	2021	2022	2023 Q1
實質 GDP 成長率	1.5	2.6	2.7
核心消費者物價指數	0.2	2.5	3.2
失業人口（千人）	748	527	421
失業率（%）	2.0	1.3	1.1

資料來源：泰國國家統計局（NSO），2023，本研究整理。

貳、泰國農業概況

有關泰國農業發展，學者認為自 1961 年第一次國家經濟發展計畫開始，到第七次國民經濟和社會發展計畫（1992-1996 年）期間，政府強調實現工業化以發展經濟，期望透過出口農產品賺取外匯、累積收

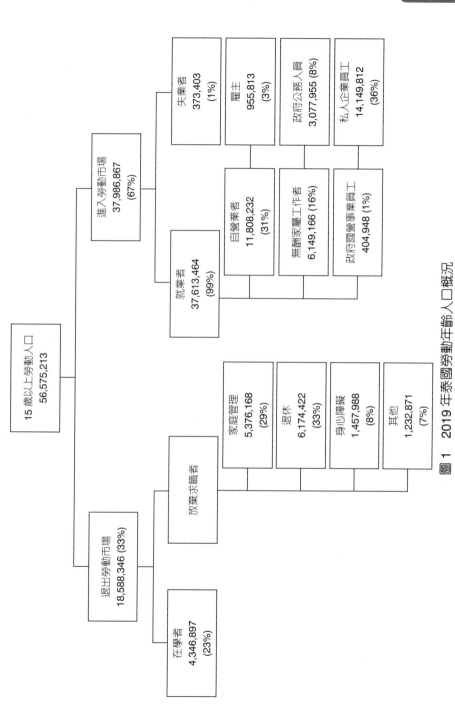

圖 1　2019 年泰國勞動年齡人口概況

資料來源：世界貨幣組織（IMF），2022。

益，這也造成農業部門從屬於工業部門的現象。泰國農產品的出口品項從 1961 年開始呈現多樣化，除了稻米、天然橡膠、柚木之外，新產品包括黃麻、玉米、甘蔗和樹薯等旱地作物。這樣的現象，從第八次國民經濟和社會發展計畫（1997-2001 年）後發生較大轉變，強調以人為本，更加重視弱勢群體生活品質的提升與農業的永續發展。（Puntasen, Paradorn Preedasak, 1998）

　　以 2019 年來觀察，泰國內生產總值約 58.81 兆日圓，農業部門 4.78 兆日圓，占 8.13%；受雇人口為 3,761 萬人，其中 1,182 萬人，37.43% 都在農業部門工作；土地面積 5,131 萬公頃，農業部門就占了 2,388 萬公頃，將近一半（46.54%），請參考表 4。2019 年泰國出口農產品項，前三大為稻米、橡膠、水果；從生產地區來看，北部種植稻米、甘蔗、玉米、大豆，東北部除稻米、甘蔗、玉米外，還有樹薯、橡膠，中央與東部是稻米、水果、甘蔗，南部是橡膠、油棕與蝦子。外銷出口方面，2020 年泰國出口總額 24.96 兆日圓，其中農產品出口 4.48 兆日圓，占 17.97%，請參考表 5、表 6。主要出口國家，依序是中國、日本、美國、越南、馬來西亞。（日本泰國大使館，2021）

　　泰國國家統計局（NSO）整理 2011-2020 年間國內生產總值和國民總收入，農業部門表現請參考表 7。2014-2021 年間，農戶家數漸增，達736 萬餘家。請參考表 8（NSO, 2023）。2019-2021 年間，泰國農業人口分別是 1,182 萬、1,181 萬、1202.5 萬人，微幅增加。（ASEAN, 2022）

表4　2019 年泰國農業概況

	泰國整體	農業部門	備註
國內生產總值（兆日圓）	58.81	4.78（8.13%）	
受雇人口（百萬人）	37.61	11.82（37.43%）	勞動集約型
土地面積（100 萬公頃）	51.31	23.88（46.54%）	土地集約型

資料來源：日本泰國大使館（2021），本研究整理。

註：匯率換算 1 泰銖 =3.48 日圓。

表 5　2019 年泰國農產品各項生產額

品項	生產額	
	億日圓	占比
全體	50,346	100.00
稻米	10,502	20.86
天然橡膠	6,899	13.70
水果	5,572	11.07
豬肉	4,742	9.42
雞肉	4,137	8.22
甘蔗	2,720	5.40
樹薯	2,351	4.67
油棕	1,518	3.01
玉米	1,140	2.26
蔬菜	247	0.49
其他	10,518	20.89

資料來源：日本泰國大使館（2021），本研究整理。

註：匯率換算 1 泰銖＝ 3.48 日圓。

表 6　2020 年泰國農產品出口

（單位：億日圓）

出口額		主要出口農產品（2020 年）			
出口總額	24.96 兆日圓	品項	出口額	占比	2020/2019
		水果及相關產品	6,346	14.15%	＋8.98%
		天然橡膠	6,331	14.12%	-4.57%
農產品	4.48 兆日圓（占17.97%）	稻米及相關產品	4,796	10.69%	-8.77%
		魚貝類及相關產品	3,885	8.66%	＋4.48%
		雞肉及相關產品	3,615	8.06%	-1.06%

資料來源：日本泰國大使館（2021），本研究整理。

註：匯率換算 1 泰銖 =3.48 日圓。

表 7　國內生產總值和國民總收入（按當前市場價格計算）2011-2020 年

（單位：百萬泰銖）

經濟活動	2011	2012	2013	2014	2015	2016	2017	2018	2019	2020
農業	1,310,673	1,421,602	1,462,283	1,334,795	1,219,420	1,236,981	1,302,041	1,342,911	1,372,657	1,360,047
非農業	9,996,234	10,935,742	11,452,876	11,895,511	12,524,058	13,353,356	14,186,623	15,030,429	15,519,753	14,276,844
工業	3,987,898	4,273,733	4,420,724	4,526,819	4,592,338	4,791,853	5,029,209	5,278,347	5,254,753	4,776,134
礦業、土石業	400,576	483,427	496,562	495,627	431,425	399,753	386,153	416,991	411,820	325,193
製造業	3,278,536	3,456,693	3,563,122	3,648,058	3,762,150	3,960,437	4,184,233	4,373,783	4,327,772	3,985,840
電力瓦斯	270,494	291,725	313,431	331,412	343,430	373,038	396,457	422,034	446,079	396,905
水道、廢棄物管理	38,292	41,888	47,609	51,722	55,333	58,625	62,366	65,539	69,082	68,196
服務業	6,008,336	6,662,009	7,032,152	7,368,692	7,931,720	8,561,503	9,157,414	9,752,082	10,265,000	9,500,710
建築業	306,622	340,956	344,786	337,043	379,940	400,376	394,729	410,157	419,087	422,015
批發零售、汽車修理	1,570,715	1,709,703	1,729,206	1,816,182	1,966,439	2,187,129	2,379,660	2,580,986	2,747,487	2,652,341
運輸、倉儲業	616,470	666,331	693,603	720,581	779,135	864,556	920,641	955,066	983,776	747,700
住宿、飲食服務業	349,523	413,291	472,928	497,777	600,218	696,810	817,326	922,803	1,031,904	601,030
資訊通訊業	242,816	265,239	290,854	301,427	327,394	337,483	361,815	388,297	431,329	432,735
金融保險業	644,682	744,615	871,377	961,263	1,037,966	1,120,954	1,181,246	1,240,877	1,268,410	1,289,139
不動產業	306,174	317,770	319,055	324,590	332,488	354,175	377,355	400,066	417,697	428,178
專門、科學技術活動	214,438	258,785	266,926	267,745	261,390	254,947	274,638	284,835	290,661	275,482
管理業務支援服務	189,205	227,941	234,426	231,496	237,026	240,493	251,605	263,242	270,832	210,756
行政國防、社會保險	681,051	732,534	765,985	802,790	843,417	881,905	917,355	957,152	993,339	1,028,266
教育	454,248	503,346	528,167	565,146	594,280	612,300	629,952	651,304	672,087	690,437

經濟活動	2011	2012	2013	2014	2015	2016	2017	2018	2019	2020
健康衛生、社會工作	219,165	235,802	250,812	270,681	288,404	307,429	328,165	351,182	370,780	387,953
藝術、娛樂業	50,656	60,357	65,422	65,640	70,145	81,153	91,070	102,411	116,579	102,040
其他服務業	142,068	162,716	175,308	181,557	185,669	193,690	204,434	216,334	222,968	203,784
家事服務活動	20,503	22,623	23,297	24,774	27,809	28,103	27,423	27,370	28,064	28,854
國內總生產（GDP）	11,306,907	12,357,344	12,915,159	13,230,306	13,743,478	14,590,337	15,488,664	16,373,340	16,892,410	15,636,891
國民總收入（GNI）	11,034,197	11,791,146	12,089,670	12,549,609	13,034,505	13,904,972	14,794,813	15,580,236	16,264,900	15,277,823
國民淨收入（NNI）	9,295,671	9,832,988	10,005,145	10,335,413	10,689,671	11,416,586	12,166,150	12,804,832	13,352,358	12,304,560
人均生產總值（泰銖）	170,467	185,159	192,327	195,807	202,152	213,553	225,126	236,927	243,705	224,962
人均 GNI（泰銖）	166,356	176,675	180,034	185,733	191,723	203,521	215,041	225,451	234,652	219,796
人口（千人）	66,329	66,739	67,152	67,568	67,986	68,322	68,800	69,107	69,315	69,509

資料來源：泰國國家統計局（NSO），2023，本研究整理。

表 8　泰國農戶家數 2014-2021 年

年分	農戶數
2014	6,047,824
2015	6,516,347
2016	6,813,995
2017	7,010,191
2018	7,271,759
2019	7,554,562
2020	7,384,180
2021	7,363,226

資料來源：泰國國家統計局（NSO），2023，本研究整理。

參、泰國農業新趨勢——智慧農業

　　泰國政府致力推動「泰國 4.0」之外，也同步實施「生物、循環及綠色（Bio-Circular-Green, BCG）」經濟模式，納入「國家發展議程」（national development agenda），涵蓋農業、食品、醫療、能源、生化及旅遊等行業，吸引業者大規模投入。所謂 BCG 經濟模式，由帕拉育總理主持生物、循環及綠色委員會，於 2021 年批准，以 BCG 經濟模式促進生物經濟、循環經濟及綠色經濟的國家發展戰略。

　　2021 年 BCG 模式正式啟動，為期五年，設定的目標包括：未來五年為泰國 GDP 增加 1 萬泰銖，十年內增加 1,000 萬個就業機會，農民平均收入提高至每年 24 萬泰銖，十年內減少 60% 對天然資源的依賴，以及每年減少 1,650 萬噸廢棄物量。

　　泰國高等教育、科學、研究暨創新部（Ministry of Higher Education, Science, Research and Innovation, MHESI）的研究指出，預估到 2025 年 BCG 經濟活動的產值將從泰國國內生產總值（GDP）的五分之一，成

長至其 GDP 的四分之一。根據此一趨勢，泰國經濟成長將由食品及農業、醫療與保健服務、能源與生物化學，以及旅遊業與創意經濟等四大關鍵產業日益提升的競爭力所驅動。

特別是在食品及農業部分，擬透過產品多樣化、產品差異化、高價值與優質的產品和服務、減少廢棄物、提高資源和土地利用效率以永續發展。尤其是透過研發與技術創新，例如智慧農業技術、可追溯性產銷履歷、食品安全等，達到成長目標。（駐泰國代表處經濟組，2022）

以泰北甘烹碧府（Changwat Kamphaeng Phet）種植樹薯的農家為例，就與日本味之素公司合作，推動智慧農業實驗計畫。泰國農家種植樹薯，採收後運到澱粉廠加工成粉狀的樹薯澱粉，年產約 5 萬噸，但實際僅使用 1 萬噸。樹薯和甘蔗是製作味精鮮味的主要原料，而日本味之素是泰國最大的樹薯粉採購廠商。然而，泰國城鄉差距與農家高齡化問題愈發嚴峻，農民缺乏專業知識且後繼無人。此外，在種植過程容易染上花葉病，導致作物產量下降。2020 年開始，日本味之素與泰國綠色食物公司（FD Green Co., Ltd.）合作，推動泰國農民生活優良夥伴計畫（Thai Farmer Better Life Partner），重新檢視樹薯供應鏈，提出改善措施，提高泰國農業生產力並輔導泰國農家獨當一面。

首先，制定教育計畫、舉辦研討會來提升基本栽培技術並進行土壤診斷；因為位於泰北甘烹碧府農民教育水準不高，2013 年僅有 80% 的農民受過小學教育。他們缺乏對於土壤和栽培技術的知識。其次，利用高靈敏度的化學分析方法，來確認是否染病；同時，設計無人機從空中觀察生長狀況。此外，與泰國國立孔敬大學產學合作，開發新型肥料「阿米娜」，一種既能增加樹薯產量又能減少肥料用量的微生物材料。參加本計畫的 187 位泰國實驗農民，2021 年樹薯平均產量提高 36%，收入提高 22%。截至 2022 年 7 月為止，實驗農民數量已增至 526 人。（日本味之素，2023）

此外，2020 年 8 月，日本久保田集團在泰東的春武里府（Chonburi

Province）班邦縣（Ban Bueng），設立東南亞地區第一個教育體驗型現代農場「久保田農場」。該集團在這個占地 35 公頃大的示範農場，使用最新的機械和技術，研究和示範農產品種植及管理的方法與技術。久保田農場由九個區組成，有稻米、樹薯、甘蔗等主要經濟作物現代耕作示範區，分享提高農民收入的解決方案、培訓等。農場邀請當地經銷商與農民試用最先進的農業機械與技術，進而培養該地區的農業企業領袖。農民可以在種植區體驗並學習適切的農田種植方案，提高農場經營效率，例如學員們在農場人員指導下，在水稻區操作智慧插秧機進行田間插秧作業，或操作無人機噴灑化肥。

　　泰國政府為促進農業轉型智慧化，農家如果從事有機化肥生產、智慧溫室建設、農用水資源循環利用、農業副產品和廢棄物回收等，都可以享受稅收減免。推動 BCG 模式的廠商，享有稅收減免的具體內容如下：生物科技、生化產品製造、沼氣或生質能源發電、食品與動物飼料製造、能源服務公司與回收設備，免徵 3-5 年企業所得稅，機器設備、原物料免徵或減徵進口關稅；用於製造出口之產品、研發材料免徵進口關稅，同時運輸、水電成本可提列抵免，設施安裝或建置成本減收 25%；人力資源開發方面，減免 5 年 50% 企業所得稅，研發費用提列抵免。（林俊宏，2022）

第三節　泰國未來經濟展望

壹、泰國第13次國家經濟發展計畫2023-2027年

　　有鑑於泰國在疫情衝擊下經濟受到不利影響，加上科技快速發展，氣候變化日益惡化，以及國內正邁向高齡化社會，在當前形勢下，泰國政府提出第 13 次國家經濟發展計畫（2023-2027），以永續模式關注國家經濟、社會和生態。根據國家戰略的精神，通過以下四項原則：

1. 自足經濟哲學；2. 強化生存、自足、永續三個層級之韌性；3. 可持續發展目標（SDGs）；4. 生物循環綠色經濟模式（BCG 模式）。

　　特別是第一項的自足經濟哲學原則，要求國家經濟發展應遵循自足經濟哲學，基於知識與誠信，以合理、節制、韌性三個概念加以推動。盱衡國內外情勢與條件時，必將經濟、社會、天然資源、環境保護等一併納入考量。重視多元平衡，在強化國家競爭力的同時，維持自給自足、公平機會、環境永續之間的平衡。

　　該計畫訂定五大發展目標，分別如下：（NESDC, 2022）

1. 整合製造業與服務業為創新主導型經濟。
2. 發展新世代人力資源。
3. 建設機會平等與公平的社會。
4. 確保生產與消費系統轉型之永續性。
5. 加強泰國在全球變化與風險下的應對能力。

　　其所設定之發展指標，特別針對第一項的創新主導型經濟，訂定國民生產總值人均收入，從 2021 年 7,097 美元（＝ 22.7 萬泰銖），到 2027 年目標值為 9,300 美元（＝ 30 萬泰銖）。

貳、泰國經濟發展之問題點

　　前述提及日本味之素與泰國企業合作的案例顯示，泰國農家普遍面臨的就是高齡化及缺乏專業知識的問題。根據世界銀行（WB）研究發現，泰國從 2012 年到 2019 年間，減少 120 萬人，農業就業人數占總就業人數 33%，遠高於菲律賓（23%）、馬來西亞（10%）。未來泰國人口老化現象將更加嚴重，到 2060 年，65 歲以上老年人口將高達 31%。在這樣的情況下，人口老化對經濟可能產生負面影響。世界銀行建議泰國政府應採取相對應措施，例如：提出延長工作年限、提高女性勞動參與率、善用移工填補缺口、鼓勵終身學習提升產能、新創老齡社會所需

勞務工作等。（世界銀行，2022）

　　此外，農業領域普遍工作條件較差，無法達到尊嚴勞動的國際標準，例如：非典型僱用、薪資低、專業性不足等；以薪資為例，2022年泰國農業家庭社會經濟狀況調查結果發現，泰國農戶的年收入為20.6萬泰銖（約5,900美元），扣除農業支出後，平均淨收入為8.27萬泰銖，僅2,400美元左右。未來如何促進青年僱用、確保年輕世代接班傳承、加強脆弱工作者之社會保障，也是一大挑戰。

　　在教育程度上，根據OECD研究資料顯示，泰國國民平均預期受教育年限為14.7年（OECD, 2021）；而東南亞國協（ASEAN）的統計，2021年泰國小學淨入學率為99.9%，中學淨入學率為79.2%；但未呈現城鄉差距的資料（ASEAN, 2022）。泰國教育部職業教育委員會（The Office of the Vocational Education, OVEC）是主要負責職業教育訓練的部門，在「泰國4.0」國家戰略的框架下，提出國家職業教育訓練2017-2036策略，主要目標是提高生產力，並跳脫中等收入陷阱。目前共有429間國立大學、484間私立大學共同推動職業教育訓練，但也面臨相關難題，例如：1. 技術勞工短缺；2. 職業教育訓練師資匱乏；3. 職訓學生英文能力差且執行力、協調力不足；4. 職業教育領域生源短缺；5. 職業教育不若高等教育名聲來的好。因此，未來如何跨越人口老化、加強職業訓練，仍是個重大的課題。

參、泰國未來經濟展望

　　根據OECD的評論，他們認為泰國經濟成長有兩大動能，一是外國直接投資（FDI）與整合全球價值鏈（Global Value Chains, GVCs）。外國直接投資方面，由泰國投資委員會（the Board of Investment, BOI）推動相關法規修正，例如1999年制定《外國商業法》（*Foreign Business Act*, FBA，簡稱《外商法》）開放外資投資製造業，但第一級農

業、第三級服務業仍存在相當限制；未來針對智慧財產權保護、外商投資整併爲單一法規、開放外國人持有土地等議題，可以進一步進行法律調適。

同時，OECD 也強調泰國要朝向創新主導型經濟、可持續發展目標（SDGs）及生物循環綠色經濟模式（BCG 模式）發展，一定要能夠實踐高度綠色成長（Green Growth），並將此一概念適度納入投資政策框架內。在促進經濟成長的同時，也能確保天然資源能持續提供人類福祉，並落實環境保護，促進投資和創新，爲經濟發展帶來新的機會（OECD, 2021）。

綜上所述，泰國美麗的景致與當地熱帶美食，吸引上千萬觀光客到訪；這個國家在金融風暴後致力於經濟復甦，1980 年代成功實施出口導向策略，即便國內政權更迭，近年經濟成長率維持在 4.2% 左右。2020 年疫情期間降到谷底，現正面臨另一個經濟復甦挑戰的時刻。

誠如 OECD 強調的，2021 年泰國仍有三分之一的人參與農業，農業雖然是收入最低的部門，就糧食安全上來說，確保農業人口及其功能，對泰國經濟非常重要。目前泰國政府在「泰國 4.0」與「BCG 模式」的經濟政策架構下，力求突破瓶頸，提倡創新主導型的經濟成長路線。尤其是現行的第 13 次國家經濟發展計畫（2023-2027），同樣實踐泰王所倡議的自足經濟哲學原則，強調以永續模式關注國家經濟、社會和生態，並訂定 2027 年人均收入達到 9,300 美元（＝ 30 萬泰銖）的目標。就農業經濟領域來說，智慧農業的推動刻不容緩，未來重點應置於解決人口老化與專業知識不足兩大問題，適當引進年輕勞動力並加強其職業訓練，有效提升產能與收益。2023 年 7 月 11 日帕拉育總理突然宣布退出政壇及其所屬的統一泰國建國黨，泰國是否再次陷入風雨飄搖，或其所言之「衝突的黑洞」，進而動搖經濟發展，端視泰國人民的智慧與行動力。

參考文獻

1. 安侯建業，2020，《泰國投資手冊》。

2. 公視新聞網，〈泰國觀光解封一年　入境旅客突破千萬人次〉。2022年12月16日，取自網址：https://news.pts.org.tw/article/614367。

3. 駐泰國代表處經濟組，2022，〈泰國4.0政策及BCG經濟模式推動概況〉。

4. 天下雜誌，2011，〈自足，才不易被絆倒〉，398期。

5. 林俊宏，2022，〈臺灣企業綠色轉型與東南亞商機爭取〉。

6. 岡本泰，2019，〈タイ経済の現状と課題について〉，ファイナンス。2019 Jun。

7. 井上莊太郎，2017，〈タイの経済思想と農業開発の新潮流〉，Primaff Review，No.76。

8. 日本泰國大使館，2021，〈コロナ禍におけるタイ農業概況〉。

9. Archanun Kohpaiboon (2020). Industry 4.0 Policies in Thailand.

10. A. Siamwalla (1989).Trade, exchange rate, and agricultural pricing policies in Thailand, Economics.

11. ASEAN (2022). ASEAN STATISTICAL YEARBOOK 2022.

12. Australian Government (2019). Thailand: Vocational Education and Training.

13. A. Puntasen, Paradorn Preedasak (1998). Agriculture in Thailand at the Cross-Road.

14. AJINOMOTO, 2023, July 7, Improving Cassava Farm Productivity and Creating Sustainable Agriculture, Retrieved from: https://WBw.ajinomoto.com/sustainability/society/03/.

15. ILO, 2021, Working and employment conditions in the agriculture in Thailand.

16. ILO, 2022, World Employment and Social Outlook Trends 2022.

17. IMF, 2022, Aging and the labor market in Thailand.

18. IMF, 2023, Thailand Monthly Economic Monitor，2023.5.15.

19. NESDC, 2022, THE THIRTEENTH NATIONAL ECONOMIC AND SO-CIAL DEVELOPMENT PLAN, 2023-2027.

20. NSO, 2020, REPORT ON LABOR FORCE SURVEY 2020.

21. NSO, 2023, Gross Domestic Product, Chain Volume Measures, 2023, July 7, Retrieved from: http://statbbi.nso.go.th/staticreport/page/sector/en/10.aspx.

22. Piboolsravut, P., 2004, 〈Sufficiency Economy〉，ASEAN Economic Bulletin, 21, 1, 127-132.

23. S. Siriprachai, 1998, Export-Oriented Industrialisation Strategy with Land-Abundance: Some of Thailand's Shortcomings.

24. OECD, 2021a, Jobs for Rural Youth.

25. OECD, 2021b, INVESTMENT POLICY REVIEWS: THAILAND.2017.3.

26. The World Bank, 2022, AGING AND THE LABOR MARKET IN THAI-LAND.

27. The World Bank, 2022, TOWARDS SOCIAL PROTECTION 4.0.

Chapter *6*

泰國的經濟發展策略與展望

許文志[*]

[*] 日本明治大學經濟學博士，現任環球科技大學創辦人、環球科技大學中小企業經營策略
管理研究所講座教授、中華民國全國商業總會首席經濟顧問。

第一節　泰國經濟發展的利基與戰略

　　泰國位於東南亞中心，東接柬埔寨，西為安達曼海和緬甸，南為泰國灣接馬來西亞，北接寮國和緬甸。國土面積 51 萬平方公里，約臺灣的 14 倍大，人口 69,625,581 人，人均所得 7,974 美元（2022 年 6 月）。

壹、泰國經濟發展的利基

　　泰國是東協（ASEAN）創始會員國，東南亞第二大經濟體，僅次於印尼，被列為新興工業化的經濟體。農業、製造業、觀光旅遊業為驅動經濟成長（GDP）的主要產業。

一、族群、宗教、語言融合是經濟發展的利基之一

　　泰國的民俗、風土、歷史、宗教是國家團結的力量，語言溝通是融合的力量，宗教單純（佛教占絕對多數）是信仰的力量，社會秩序和治安良好是安定的力量。泰國政局與氣候變遷（洪災）是影響經濟發展重要因素之一。泰國只要沒有軍人政變，沒有洪水侵害，政府領導有方，按照國家戰略落實執行，在在都是經濟發展的利基。

表 1　泰國族群、語言、宗教分布數據

族群	泰族	97.5%
	緬甸族	1.3%
	其他	1.2%
語言	泰語（國語）	90.7%
	泰語（方言）	6.4%
	其他（馬來語等）	2.9%

宗教	佛教	94.6%
	回教	4.3%
	基督教	1.1%

二、開發東部經濟走廊（EEC）利基之二

泰國為促進基礎設施發展，於2018年頒布《東部經濟走廊（EEC）法案》，執行EEC開發綜合基礎設施和公用事業，透過高速鐵路、港口和機場，連接陸、海、空的建設。泰國政府為推動EEC工業發展目標，設立投資促進委員會（BOI），推動EEC計畫，行業包括30座現有和新開發工業區，涵蓋汽車、AI電子產品、食品、農業和生物技術、機器人、航空、生物燃料、國防和數位技術、醫療服務、健康、觀光旅遊。

三、泰國政府推動地方產業一鄉鎮一特產（OTOP）繁榮農村是利基之三

泰國於2001-2011年期間，塔克辛・欽那瓦（Thaksin Chinnawat）總理大力推動地方產業一鄉鎮一特產（One Tanbon, one Product, OTOP）。仿效日本大分縣縣長平松守彥推動的日本OVOP（One Village One Product）政策發展經濟。首先，從泰國東北部清邁市開始，在貧窮的農村地域推動，創造清邁為模範市，並比照推廣至全國各地。泰國政府編列預算成立「村落建設基金」，全國7,000個示範鄉鎮村落各補助100萬泰銖的建設經費。另外，政府投入4,000萬泰銖，發展觀光產業。首先，從培育人才、地方創生、創新研發出發，鼓勵民間企業參與投資，並結合清邁大學，融合地域資源與傳統文化，產、官、學合作，提升產品附加價值與產品品質；舉辦國際OTOP產、官、學研討會，

將地方特產接軌國際。在此十年期間，泰國人均所得倍增至 1,475 美元，首都曼谷地區的人均所得高達 7,900 美元，增加至接近 13,000 美元。

特別在觀光旅遊產業方面，每年吸引世界各國觀光客達 3,000 萬人次。OTOP 特產結合觀光行銷，金額於 2022 年高達 100 億美元，鼓勵泰國東北部貧農地區年輕人從都市返鄉創業，增加青年創業 15% 就業機會。筆者於 2009 年親赴泰國東北部清邁地區參訪 OTOP 產業情況，證實泰國東北部貧農地區風貌已大大改善，觀光旅遊產業發達，地方特產眾多，促進經濟進步。

綜合以上分析各項泰國經濟發展利基因素，外國企業進入投資，促進產業升級、經貿發展、觀光旅遊等都具有吸引力。特別是，泰國首都曼谷位居歐亞陸、海、空轉運中心，因此帶來人流、物流、金流、資訊流、國際交流的經貿活水匯集，提升泰國經濟發展與國際接軌的優勢。

貳、泰國經濟發展20年國家戰略

泰國企圖到 2037 年成為中高所得國家，現在從改善環保、安全、社會福利開始，使經濟持續發展。最近推出泰國 4.0 願景，政府希望透過產業升級，實現 20 年國家戰略目標，以高附加價值為基礎，驅動創新服務業的發展，超越低附加價值的製造業。

表 2　泰國 20 年國家戰略六大目標

一	國家安全
二	提升國家競爭力
三	發展和加強人力資源
四	提升社會凝聚力和公平性
五	加強友好型國家外交和增長戰略
六	發展公共部門平衡戰略
自西元 2020 年起至 2040 年止。	

茲將六大戰略目標如表 2，說明如下：

一、國家安全

目的爲確保國家安全和公共安全，增強國情管理，促進安保、安全、國家主權獨立、維護和平、開發人力資源、數位與社區安定和秩序。

以技術和大數據對應各式各樣的威脅和挑戰，並預防和解決現有和未來的國家安全問題；有國家安全，方能有穩定的經濟發展。

二、提升國家競爭力

目的爲提升國家三大基本競爭力：

1. 確保國民經濟的資源、本土文化、傳統生活方式、自然資源多樣性及其他資源比較的優勢，面對全球經濟和社會背景的技術和創新能力。
2. 以國家基礎建設爲國家的未來做準備，包括：運輸、物流、科學、技術和尖端數位系統、改善環境、提升未來工業和服務業發展能力。
3. 提升企業家能力，培育年輕一代適應快速變化的市場需求和經營能力，適應面對未來環境，擴大全球市場的貿易和投資機會，提高國家收益和人民福利，增加中產階級人數，縮短貧富差距。

三、發展和增加人力資源

多元化培育不同年齡層國民，具備邏輯思維、溝通技巧、培訓英語和第三種語言能力，鼓勵國民保護本土語言，養成終身學習和成長的習慣。

四、提升國家社會凝聚力和公平性

推動公、私營部門之合作，促進整個社會合作機制。提高地方行政權力和責任，加強地方社區管理，培養優質國民為目標的健康經濟和社會環境，確保優質的公共服務、實踐國民福利的公平性。

五、增長國家外交友善發展戰略

實現長治久安發展目標，包括：社會、經濟、環境、良善治理和國際合作夥伴關係，促進經濟、環境和生活品質的共榮共享。

六、促進公共部門平衡發展

規範公共部門的規模，區別監管機構角色。公共部門必須跨部門業務開放參與整合，利用大數據和數位技術協助改善公共行業符合國際標準。

參、泰國為發展經濟與各國訂盟策略

1. 泰國—東協（ASEAN）AFTA（1993.1.1 生效）。
2. 泰國—巴林 FTA（2022.12.29 簽署）。
3. 泰國—印度 FTA（2003.10.9 簽署協定架構）。
4. 泰國—澳洲 FTA（TAFTA）（2005.1.1 生效）。
5. 泰國—紐西蘭 FTA（2005.7.1 生效）。
6. 泰國—日本 FTA（JTEPA）（2007.4.3 生效）。
7. 東協—日本 FTA（2008.12.1 生效）。
8. 東協—韓國 FTA（2009.6.2 生效）。
9. 東協—中國 FTA（2010.1.1 生效）。
10. 東協—紐澳 FTA（2010.1.1 生效）。
11. 東協—香港 AHKFTA（緬甸、新加坡及泰國 2019.6.11 生效）。

12. 泰國—秘魯 FTA（2011.12.31 生效）。
13. 泰國—智利 FTA（2013.10.4 簽署）。
14. 區域全面經濟夥伴協定（RCEP）（2020.11.15 簽署）。

資料來源：https://zh.oosga.com/economies/tha/。

第二節　泰國的產業結構與貿易現況

壹、泰國的產業結構

占 GDP 比的現況（2020 年）：服務業占 58.3%；工業製造業占 33.6%；農業占 8.4%。

1999 年泰國的《外國商業法》規定，限制多種產業的外國人投資比率，包括：傳媒、農業、土地分配、專業服務、旅遊、酒店及建築業等公司股權，外國人不得越過 49% 的本位資本主義不公平條例。

2022 年泰國的主要產業包括：汽車及機械零件（11%）、金融服務（9%）、電器及部件（8%）、旅遊（6%）、水泥、汽車製造、重工業和輕工業、家電、電腦和零部件、家具、塑膠、紡織和時裝、農業加工、飲料、菸草等。現在更詳細分析說明如下：

一、工業和製造業

泰國政府現在積極推動電動車產業，除現有的日本的日產、五十鈴外，豐田和福特是泰國汽車兩大製造商，每年在泰國組製產量達 200 萬輛，泰國已躋身全球汽車出口國行列。

臺灣的鴻海集團積極發展電動車產業，與泰國能源集團（PTT）合資的 Horizon Plus 於 2022 年 11 月 12 日在泰國春武里府舉行電動車廠奠基與動工儀式，目標於 2024 年完成建設，生產交車，以滿足東協電動車市場需求。鴻海集團發展電動車，2023 年在臺灣、泰國、美國、

沙烏地阿拉伯、印尼、墨西哥等地布局，發展電動車計畫已有新進展，2023 年鴻海是電動車發展的關鍵年代。

Horizon Plus 預定投入 370 億泰銖（約 10 億美元），打造電動車生產設備，目標在 2024 年竣工並生產交車，年產 5 萬輛，逐步提高至年產 15 萬輛，以滿足 2030 年前東協不斷增加的電動車市場需求。

泰國因汽車產業擴張，帶來泰國國內鋼鐵產業蓬勃發展，增長工業和製造業發展，工業占國內生產總值的 43.9%，只僱用 14% 勞動人口。製造業占國內生產總值 34.5%。

泰國在電子產業面臨馬來西亞和新加坡的強烈競爭，在紡織業面臨越南和中國的挑戰。

二、能源產業

泰國石油儲量 2.9 億桶（4,600 萬立方公尺），天然氣儲量為 420 萬立方公尺，國家控制電力公用事業（約占 GDP6%）和石油公司運營。

三、服務業

包括旅遊業、銀行業和金融業，占國內生產總值的 44.7%，僱用 37% 的勞動人口，服務業競爭力強，有助出口增長，尤其旅遊觀光業貢獻經濟發展良多。

四、農林漁業

稻米（暹羅米）是泰國最重要的農作物，一直是世界第一稻米出口國。世界第二大石膏出口國，僅次於加拿大。

其他有蝦子（泰國蝦）、椰子、玉米、橡膠、大豆、甘蔗和樹薯等。

泰國國土 25% 土地面積，政府指定為原木材和鋸材森林保護區和

原木生產森林區，預留爲保育和休閒用途。木材每年出口約 200 萬立方公尺。

五、醫療服務業

泰國曼谷眞恩（音譯）醫院創設於 1969 年，在泰國本土和寮國地區合計共擁有 50 家醫院，是東南亞最高級醫療集團，因籠絡吸引外國和泰國富裕階級患者進住，因而迅速成長。最近因疫情長期限制外人入國影響，眞恩醫院推動「觀光醫療」業績大幅惡化，又受到鄰國緬甸軍頭敏昂萊政變波及，對泰國期待企業生產線延伸到湄公河流域廣大地區計畫，因而受阻中斷，增加泰國經濟成長的不確定性。

基於此，特別在醫療產品、臨床研究、高齡老人醫院、長照服務等項目於 3-8 年期間免除法人稅。

六、綠能產業（BCG）

2020 年起有效活用國家資源分配戰略，發展重點產業，以生物化學、農業食品、觀光醫療、醫療藥品、綠色能源、原材料等，創造經濟高附加價值，支援在地產業，訂定成長數值目標，從現在 GDP 占比約 1.1 兆美元，占 GDP 全數的 21%，提高至 1.3 兆美元。

貳、貿易現況

一、泰國主要出口商品

包括稻米（暹羅米）、紡織品、水產品（泰國蝦）、橡膠、鞋、珠寶、電腦、電器、汽車。出口額最高的商品是汽車零部件和配件（9%）、電子產品和電腦（8%）、寶石和珠寶（7.6%），如表 3、表 4。泰國 2020 年輸出總金額 2,267 億美元。

表 3　泰國出口商品及其占比

商品名	占比
汽車、零件和配件	9%
電子產品和電腦	8%
寶石和珠寶	8%
橡膠製造	5%
塑膠	3%

表 4　泰國 2020 年商品輸出國市場占比

輸出國別	占比
美國	15%
中國	13%
日本	10%
香港	5.2%
澳洲	4.5%
馬來西亞	4.2%

資料來源：國際貨幣基金（IMF），2020。

二、泰國主要進口商品

包括原材料、半製成品、消費品、能源產品、機械及配件、集成電路、化學品、原油燃料、銅、鐵和汽車。如表 5。

表 5　泰國商品主要輸入國別及其占比

輸入國別	占比
中國	20%
日本	14.5%
美國	6.8%
馬來西亞	5.4%

資料來源：國際貨幣基金（IMF），2020。

第三節　泰國經濟發展策略與展望

泰國為創新開發新產業，2015 年設立「投資促進委員會」，提供豐富優惠投資獎勵，促進勞動密集型產業轉型升級。為因應未來市場結構變化，實施「七年投資促進策略」，期待解決少子化造成的勞工缺乏，為經濟成長停滯的長期發展經濟的國家戰略。

泰國和馬來西亞於東協（ASEAN）中，同樣是中高所得國家，在汽車和電子等產業，其資本密集型的加工組製產業已邁向工業化階段發展。

在其工業化發展途中，泰國曾經遭遇金融大災禍的亞洲金融風暴，泰國在 1997 年 7 月 2 日的國際儲備貨幣只剩下 2.85 萬億泰銖（THB），無力再維持泰銖幣值，宣布將貨幣浮動化，造成 1997 年亞洲金融危機。

因此，泰國經濟發展策略，積極推動下列三項措施：

壹、推動「七年投資促進策略」，促進產業升級

泰國政府為晉升中高所得國家行列，推動經濟成長策略，政府投資委員會自 2015 年起實施「七年投資促進策略」，企圖對產品開發開拓嶄新的領域，提供豐厚優惠的投資獎勵，促進勞動密集型產業結構升級。

泰國推動「七年投資促進策略」（2015-2021 年）優惠的重要內容共 15 項目：1. 產品設計開發中心；2. 研究開發事業；3. 科學研究機構；4. 職業訓練中心；5. 電機、電子產品設計；6. 工程規劃設計；7. 開發經濟特區；8. 廢棄物發電事業；9. 航空產業；10. 電腦、雲端服務；11. 節能支援服務；12. 精密測量服務；13. 生物科技；14. 軟體產業；15. 森林栽培。

在產業升級方面，泰國迴避新興國家面臨「中等收入陷阱」，爲晉升「中高所得國家」，積極推動中長期經濟發展策略，促進產業升級。重視在地產業的育成和扶助，推動以國內消費市場爲主軸的產業升級策略。

貳、設立「泰國投資促進委員會（BOI）」發展四大產業

2020 年 11 月泰國政府設立「泰國投資促進委員會」，將經濟發展重點置於電動車（EV）、生物科技、循環經濟、綠能產業（ECG）四大領域。其中，電動車（EV）生產比重至 2030 年要達成 30% 目標，甚至不斷策進企圖提高至 50%，尤其策略上，EV 要在泰國國內生產；同時，泰國政府先行投資 20 億美元，在國內生產 EV 主要零部件，並獎勵優惠免除 8 年 EV 企業法人稅，免除研發 EV 期間的限制，延長 1-3 年，同時引進外國新的 EV 生產獎勵辦法，獎勵泰國國內生產 EV 零部件的企業與日本 EV 產業合作，提高海外競爭力，提供 EV 滿足東南亞國家的需求，期待提升在東南亞 EV 市場的占比。

參、開發「東部經濟走廊（EEC）工業區」

泰國爲加強基礎建設，設立推動 EEC 工業發展投資委員會，2018 年頒布《東部經濟走廊（EEC 法案）》，透過高速鐵路、港口和機場計畫，推動 EEC 開發綜合基礎設施和公用事業。EEC 開發計畫涵蓋 30 座現有和新開發的工業區。EEC 計畫選定泰國東部的北柳、春武里、羅勇三府爲經濟特區，當地政府提供外國投資者長達 99 年土地租約的長期設廠優惠。

EEC 的目標產業包括：汽車、智慧電子產品、醫療服務、健康旅遊、農業和生物技術、食品、機器人、航空、生物燃料、國防和數位技術。

　　EEC 分期工業區開發工程都已達標，2022 年泰國工業局累計出售和租賃工業區土地再創新高，與 2021 年相比增長超過 30%，2022 年海外直接投資工業區，可達 1,700 億泰銖，其中日本、中國、美國為主要投資國。

肆、泰國經濟發展未來預測

　　據國際貨幣基金組織（IMF）2020 年發表，泰國自 1998 年亞洲金融風暴以來，由於 COVID-19 疫情流行，2020 年 GDP 下降至 -6.1%。IMF 預測 2021 年和 2022 年的 GDP 增長率將分別回到 2.6% 和 5.6%。

　　據泰國國家社會開發評議會（NESDC）預測如表 6：

表 6　2022-2025 年泰國經濟預測

與前年比（%）	預測			
	2022	2023	2024	2025
GDP（經常）10 億泰銖	16,984.0	17,527.6	18,123.5	18,794.0
人均所得 GDP 美元	8,054.3	8,331.8	8,702.0	9,125.9
GDP 成長率 %	3.4-4.0 （3.5）	2.7-3.7 （3.2）	2.9-3.9 （3.4）	3.2-4.2 （3.7）
Inflation 通膨率 %	0.7-1.7 （1.2）	0.7-1.7 （1.2）	0.8-1.8 （1.2）	0.9-1.9 （1.4）
GDP%	5.3	6.2	6.6	6.7

資料來源：泰國國家經濟社會開發評議會（NESDC, Office of National Eonomic and Social Development Council），2021 年 2 月 24 日，Dr. Arnunchanog Sako-nodHavat。

伍、臺商投資泰國應注意的風險

　　泰國鼓勵外資進駐工業區，因工業區擁有高經商便利度，吸引臺商

投資進駐。泰國是臺商投資東南亞的主要國家之一。

一、泰國軍人政變，混亂時起，影響經濟發展

　　泰國經濟發展數十年，一路走來，根深蒂固的問題在於城鄉所得差距大，造成社會貧富階級分歧，以及選舉制度掌控在軍政府。長期以來，人民反抗示威遊行，衝擊零售業和觀光旅遊業，軍政府為維持治安，下令夜間禁止外出並封鎖交通，工廠生產和物流通行因而停擺。

　　例如：2008 年 8 月黃衫軍占領政府辦公大樓。2008 年 11 月 25 日至 12 月 3 日，黃衫軍占領蘇凡納布機場和廊曼國際機場，傷害泰國形象和經濟至深。

　　泰國自 1932 年以來，先後發生 12 次軍人政變，最近一次發生於 2014 年。類似「地雷政治」的軍人政變，像家常便飯，讓外資投入泰國不能不慎思其高風險，臺商能不注意？

二、洪災不斷，治水無方

　　流經首都曼谷及周邊產業群聚地區的湄南河（原名昭披耶河〔Chan Phraya River〕），因地勢低，每年 7-11 月雨季經常淹水，近年又因地球暖化影響，時有降豪雨之情形，年年發生洪災。2011 年秋天大洪災，湄南河流域內的工業區淹在水中，多數企業被迫停工，零件供應和物流中斷。汽車產業工廠淹水，零配件均停止供應。此外，電機、原材料及食品等深受打擊，影響甚大。

　　泰國 2011 年 7 月 25 日至 2012 年 1 月 16 日期間，全國 77 個府，計有 66 個府受洪災影響。據世界銀行（World Bank, WB）的評估，泰國損失總金額約 457 億美元。

　　現在的軍人政府聲稱，已著手策劃興建治水設施十年計畫，曾因政權交替計畫中斷，興建治水設施因此落空；洪水未息，軍政府只有口號

聲，人民痛苦無奈，外資情願投入洪水泡湯嗎？臺商能不介意嗎？若要投資，可選擇地勢較高的 EEC 工業區。

三、人口紅利漸失，勞動人口短缺，生產人力不足

泰國 2020 年綜合生育率 1.5%，已經低於人口替代率所需的 2.1%，而且尚在急速下降。高齡化社會來臨，造成勞動力減少，導致勞動人口短缺，企業人力不足，生產力下降，勞動力成本上升，企業擴張和國際競爭力下降。據聯合國估計，至本世紀末，泰國 7,000 萬人口將減少三分之一。

泰國現有勞動人口 3,690 萬人，勞動人口是泰國企業的資產，資產流失，外人投資可以不計成本嗎？勞動人口流失，影響泰國未來經濟發展動能。

另外，現在泰國工作的非技術外國勞工約近 300 萬人，其中，大多來自緬甸、柬埔寨、寮國等週邊國家，在泰國從事勞動密集型產業。如今，緬甸、柬埔寨、寮國的經濟逐漸發展，勞工急速回國就業，泰國的外籍勞工因此急速流失，造成泰國勞工短缺。臺商投資泰國應事先評估人力資源，三思而後行。

勞工短少，致使成本提高。雖然產品價格和成本都重要，然而，人才和研發對企業的成長更重要。

四、泰國經濟發展未來的展望

展望泰國未來的經濟發展，取決於金融改革，企業債務重整，同時吸引外資投入，增加出口。經濟要能持續成長，必須加強長期投資電信、電力、道路、港口、機場航空等公共設施，加強國家基礎建設，培育高級基建工程師和技術人才參與推動。

泰國國內政治環境潛在不穩定性，時而有軍人政變的不定時政治炸

彈爆發的前例隱憂，影響外人投資的信心。據 IMF 預估在疫情過後的 2023 年起，泰國經濟，如政情穩定將會持續以溫和的速度成長，而公共投資仍將是驅動經濟成長的主要因素。

2022 年 11 月 18、19 日泰國輪值亞太經合組織（APEC）為東道主，在曼谷舉辦 APEC 部長會議，21 個成員國的經貿部長首次實體齊聚一堂，象徵旅遊與商務正常化，不受疫情所困，展現 APEC 成員國經濟活力。尤其，美、德、法、英、加拿大、日本、中國等各國元首都親赴參加，盛況空前。泰國在全球經貿發展的位階，水漲船高，對今後泰國經貿發展具有正面的影響。

參考文獻

1. 許文志、張李曉娟、吳俊賢，2022，《地域產業OTOP的未來（泰國篇）（二刷）》，五南出版。

2. 童靜瑩、曹茹蘋、崔立潔合譯，2019，《圖解聚焦東協》，易博士出版社。

3. Economic Monitor。2020年11月25日，取自網址：https://zh.oosga.con-neconomies/tha/。

4. 高橋尚太郎，2021，《タイ經濟：中長期的見通じ，電器自動車とBCG（バイオ，循環型、グリーン）一層推進》。

5. 伊藤忠総研，2012，〈タイ國家經濟社會開發評議會（NESDC）：タイの經濟見通しと政策〉。

6. 伊藤忠総研，〈タイ經濟：「中所得國の罠」に直面するタイ經濟の行方〉（2020年11月25日）。

國家圖書館出版品預行編目(CIP)資料

東南亞的明珠──泰國／許文志，許純碩，李
建宏，許淑婷，許淑敏，張李曉娟著.--初
版.--臺北市：五南圖書出版股份有限公司,
2024.02
面；　公分

ISBN 978-626-393-030-8(平裝)

1.CST: 政治經濟　2.CST: 國家發展
3.CST: 泰國

552.382　　　　　　　　113001032

1MAS

東南亞的明珠──泰國

作　　　者 ─ 許文志、許純碩、李建宏、許淑婷、
　　　　　　　許淑敏、張李曉娟

發 行 人 ─ 楊榮川

總 經 理 ─ 楊士清

總 編 輯 ─ 楊秀麗

主　　　編 ─ 侯家嵐

責任編輯 ─ 吳瑀芳

特約編輯 ─ 張碧娟

封面設計 ─ 封怡彤

出 版 者 ─ 五南圖書出版股份有限公司

地　　　址：106臺北市大安區和平東路二段339號4樓

電　　　話：(02)2705-5066　傳　　　真：(02)2706-6100

網　　　址：https://www.wunan.com.tw

電子郵件：wunan@wunan.com.tw

劃撥帳號：0 1 0 6 8 9 5 3

戶　　　名：五南圖書出版股份有限公司

法律顧問：林勝安律師

出版日期：2 0 2 4 年 2 月初版一刷

定　　　價：新臺幣300元

經典永恆・名著常在

五十週年的獻禮——經典名著文庫

五南，五十年了，半個世紀，人生旅程的一大半，走過來了。

思索著，邁向百年的未來歷程，能為知識界、文化學術界作些什麼？

在速食文化的生態下，有什麼值得讓人雋永品味的？

歷代經典・當今名著，經過時間的洗禮，千錘百鍊，流傳至今，光芒耀人；

不僅使我們能領悟前人的智慧，同時也增深加廣我們思考的深度與視野。

我們決心投入巨資，有計畫的系統梳選，成立「經典名著文庫」，

希望收入古今中外思想性的、充滿睿智與獨見的經典、名著。

這是一項理想性的、永續性的巨大出版工程。

不在意讀者的眾寡，只考慮它的學術價值，力求完整展現先哲思想的軌跡；

為知識界開啟一片智慧之窗，營造一座百花綻放的世界文明公園，

任君遨遊、取菁吸蜜、嘉惠學子！